HAMBURG

HAMBURG

LEBENSART, KULTUR & IMPRESSIONEN

DUMONT

2135
GER-515

DAS HOCH IM NORDEN

ES GIBT NICHT WENIGE, DIE GLAUBEN, Hamburg liege am Meer. Das ist zwar fast 100 Kilometer entfernt, doch die Lage am Wasser macht für Besucher und Bewohner eben den besonderen Reiz der Hansestadt aus. Riesige Containerfrachter und Kreuzfahrtschiffe fahren auf dem breiten Elbstrom bis in den Hafen, auf der von Rasenflächen und Villen eingerahmten Alster inmitten der Stadt kreuzen Segelboote und die mehr als 2500 Brücken über die vielen Kanäle, und Fleete haben Hamburg sogar zum Ruf eines Venedig des Nordens verholfen.

Sobald die Sonne über das Hamburger Schmuddelwetter siegt, spielt sich das Leben draußen ab, in den Szenevierteln der Kreativen aus Mode, Werbung, Magazinen oder Film ebenso wie im schicken Eppendorf oder im Treppenviertel des mondänen Blankenese.

So mischen sich Hafen- und Seefahrtsromantik mit dem Flair einer modernen Handels- und Medienmetropole, sind die luxuriösen Reedervillen an der Elbchaussee nur einen Katzensprung entfernt vom sündigen Kiez auf der Reeperbahn und den überdachten Einkaufspassagen rund um das Rathaus. Und mit der HafenCity entsteht an früheren Kaianlagen ein ganz neues Stadtquartier, in dem die bedeutendsten Architekten des Kontinents mit avantgardistischen Bauten für Museen und Konzertsäle, Wohnhäuser und Büros miteinander wetteifern.

DER WUCHTIGE SPRINKENHOF – hier ein Treppenhaus –, der Meßberghof und das Chilehaus mit seinem schnittigen Bug gehören zu den bekanntesten Bürogebäuden des Kontorhausviertels. Die Bauwerke aus der ersten Hälfte des 20. Jahrhunderts stehen unter Denkmalschutz.

BÜRGERPRACHT AM STADTSEE

Die Stadtvillen entlang des Alsterufers gehören zu den teuersten Adressen der Stadt. Doch Parks und Flanierwege rund um die Außenalster gewähren allen Bewohnern und Besuchern direkten Zugang zum Seejuwel inmitten der Stadt.

BREDENBEK
H 6039
Winterhude

BÜRGERMACHT

Hamburg kannte keine Fürstenherrschaft, sein Parlament nennt sich Bürgerschaft, seine Regierung Senat. Beide tagen im Rathaus, einem um die Wende zum 20. Jahrhundert im Stil der Neorenaissance erbauten Bürgerpalast. Eine 20-köpfige Kaisergalerie von Karl dem Großen bis Barbarossa schaut zwischen den Fensternischen auf den Rathausmarkt.

MUSE KÜSST KAUFMANN

Kunsthandwerk, Fotografien oder Möbel zeigt das schlossartige Museum für Kunst und Gewerbe, Avantgarde ist angesagt im Kunstkubus der Galerie der Gegenwart. In der Langen Nacht der Museen haben die Kulturtempel spät geöffnet, befördern Busse Besucher zu über 40 der Hamburger Museen.

EAST MEETS WEST

Designerhotels wie das EAST haben gut zu tun. Schließlich pflegt die Hansestadt Handelskontakte rund um den Globus. Für China und Japan ist Hamburg das Tor nach Europa. Hinzu kommen vier Millionen Besucher im Jahr, die der Stadt zum Sightseeing, für einen Musical- oder Theaterabend oder zum Einkauf einen Besuch abstatten.

ELBVISIONEN

Avantgardistische Gebäude wie das Oval am Kaiserkai kontrastieren mit Hamburgs typischen Rotklinkerbauten. Büros und Wohnungen mit Blick auf Elbe und Hafen sind in der neuen HafenCity die Regel.

STRANDPERLE

Im Sommer gibt es kein Halten. Die Strandperle, streng genommen eine schlichte Kioskbar direkt am Elbstrand, wird zum Treffpunkt für alle, die zu Eis, Bier oder Bockwurst den vorbeiziehenden ›Pötten‹ auf dem Strom zuwinken wollen.

HAMBURG SÜD
HOLSTEN
HOLSTEN LEMON

EIN STADTTEIL ENTSTEHT

Dort, wo früher Schauerleute Kaffeesäcke aus dem Schiffsrumpf schleppten, ragen Baukräne empor, wachsen Kreuzfahrtterminals, Wohn- und Bürohäuser, ein Konzertpalast und ein Überseezentrum in die Höhe. Rund 200 Architekturbüros sind beteiligt. Die HafenCity soll 2025 Wohnort und Arbeitsplatz für Zehntausende sein.

CONTAINER TERMINAL TOLLERORT

ALT- UND NEUSTADT

Venezianische Arkaden, Mailänder Passagen, Kolonnaden à la Bologna, einen florentinischen Palazzo – all das gibt es in Hamburg. Und dazu Straßencafés mit Blick übers Wasser. Doch bei aller Leichtigkeit des Seins, auf ihren traditionellen Backstein haben die Hamburger nie ganz verzichtet. Beim expressionistischen Chilehaus, in den modernen Einkaufspassagen oder auf der neu bebauten Fleetinsel, überall begegnet man dem typischen roten Stein der Hanse.

HINTER DEN NORDITALIENISCH ANMUTENDEN BOGENGÄNGEN der Alsterarkaden verbirgt sich seit über 150 Jahren eine noble Einkaufspassage.

UM DIE MITTAGSZEIT füllen sich die Restaurants der Innenstadt. Auch wenn die Spesenkonten kleiner geworden sind, für einen Lunch mit einem Geschäftspartner reicht es.

ITALIENISCHES AMBIENTE IM NORDEN

Hamburg, das ist die schönste Stadt der Welt!« Wenn es um ihre Elbmetropole geht, werden die Hanseaten geradezu leidenschaftlich. Dann wird voller Stolz aufgezählt: die Elbe, der Hafen, die Alster, das viele Grün und die zahlreichen Kanäle, Fleete und Brücken. Und natürlich das Rathaus. Das ist besonders schön, weil es so alt aussieht und so repräsentativ. Für das prunkvolle Innere griffen die Bürger der Wilhelminischen Ära tief in die eigene Tasche. Konnten doch die Herren Senatoren damit deutlich machen, wer in der Hansestadt das Sagen hat. Der verschnörkelte Neorenaissancebau, Sitz des Parlaments dieses Stadtstaates, tröstet die Hamburger noch heute darüber hinweg, dass sie keine gotische Kathedrale, kein barockes Schloss oder fürstliches Palais besitzen. Hamburg war nie Residenzstadt, hier hielt immer nur der Handel Hof. Und mit so richtig Altem kann man leider auch nicht aufwarten. Zu oft wurde die Stadt im Lauf der Jahrhunderte zerstört, von Feuer, Bomben und der Abrissleidenschaft ihrer Bewohner. Selbst der mittelalterliche Dom, die älteste Kirche Hamburgs, wurde im Jahre 1804 beseitigt. Das sparte den kühl rechnenden Hanseaten eine Menge Geld, das für die Sanierung nötig gewesen wäre.

ITALIEN AN DER BINNENALSTER So strahlt denn auch die Innenstadt – der Bereich, den der einstige Wallring umschließt – vor allem Geschäftigkeit aus. Hier befindet sich die Börse, hier sind die noch bestehenden großen Kaufhäuser und Einkaufspassagen zu finden, die teuren Läden am Jungfernstieg und am Neuen Wall. Und wo das Geld sitzt, da legt man Wert auf zurückhaltende

VON DER ANLEGESTELLE für die Alsterdampfer, die längst nicht mehr mit Dampf unterwegs sind, geht der Blick über die Binnenalster bis zum Hotel Vier Jahreszeiten, in dem auch die Nobilität absteigt.

Eleganz. Der Blick über die Binnenalster, die nach venezianischem Vorbild gestalteten Bögen der Alsterarkaden, die Straßencafés bei der florentinisch anmutenden Alten Post – wirklich schöne Bilder. Manch ein Besucher wirft hier sein Vorurteil von der nüchternen Hansestadt über Bord. Und die Hamburger geben sich alle Mühe, ihrer ›italienischen‹ Innenstadt gerecht zu werden: Sie sitzen draußen, auf einer der Sommerterrassen der City. Sobald die Temperaturen geringfügig über dem Nullpunkt liegen, werden die Stühle herausgestellt und der Cappuccino im Freien getrunken. Zur Not stellt man eben einen Gasofen unter die Regen-, pardon, Sonnenschirme. Und wenn das Wetter so gar nicht mitspielen will, bleiben immer noch die Passagen, wo man im Trockenen flanieren kann. Hamburg hat mittlerweile Mailand den Rang als europäische ›Passagenhauptstadt‹ abgelaufen.

IMMER MEHR SHOPPING Die jüngste Shoppingmeile, die großzügig überdachte Europa-Passage am Ballindamm, schafft eine Verbindung zwischen den Einkaufszonen des Jungfernstiegs und der Mönckebergstraße. Dafür hat sich das traditionelle Bild an der Binnenalster verändert. Noch mehr Shopping in der City? Wieder einmal

Abriss um des Geldes willen? Kritiker sehen sich in der Tradition Alfred Lichtwarks, des ersten Direktors der Hamburger Kunsthalle, der über Hamburg als »Freie und Abrissstadt« spottete. »Wenn Sie keinen Sinn für das Schöne haben, verlassen Sie bitte unser herrliches Rathaus und ziehen Sie in einen Blechcontainer!«, wurde Bürgermeister Ole von Beust von Volkes Stimme aufgefordert. Aber auch Denkmalschützer warnten davor, an dem gewachsenen Ensemble zu rühren, nur um ein weiteres Einkaufszentrum zu schaffen. Immerhin, die Proteste haben ein Umdenken bewirkt: Die neue Passage wurde in bescheidenerem Ausmaß realisiert.

DIE CITY ERWACHT LANGSAM Afterworkclubs und Happy Hour haben es möglich gemacht: Hamburgs Innenstadt ist endlich mehr als nur Geschäfts- und Einkaufszone. Banker und Speditionskaufleute lassen neuerdings ihr Pfeffersackimage im Kontor und nehmen ihre Drinks da, wo sie auch arbeiten: in der City. Die alte Schlachterei von 1882, beim Rathaus um die Ecke, hat sich zum eleganten Café Paris gemausert, in der Passage des expressionistischen Chilehauses trifft man sich im Sausolito's, und auch der Alsterpavillon ist wieder salonfähig geworden. Er nennt sich jetzt Alex und ist zum Szenebistro geworden, in dem man auf

EIN STÜCKCHEN FRANKREICH in Hamburg. Das Café Paris liegt nur wenige Schritte vom Rathaus und der Börse entfernt. Die Decke der ehemaligen Schlachterei zieren wunderbare Jugendstilbilder, die Schifffahrt, Handel, Industrie und Landwirtschaft kunstvoll illustrieren.

SPUREN DES ALTEN HAMBURG

1000 Terrassenplätzen immer noch einen Kaffee trinken kann. Und sogar die Spitalerstraße, nach Ladenschluss wie ausgestorben, hat mit dem Café-Bistro Vivet jetzt ihre Location – wenn auch nur bis 22 Uhr, eine Zeit, zu der in den anderen Stadtteilen das Leben erst so richtig losgeht. Nein, das Zentrum des Hamburger Nachtlebens ist die City bestimmt nicht. Man muss schon wissen, wo es längs geht, um die richtigen Adressen zu finden: die Milk Bar Lounge am Valentinskamp oder die Straßencafés vorm Steigenberger Hotel auf der Fleetinsel. Oder auch die Bars am eigentlich so seriösen Ballindamm: das Ciu' und das Café Wien, wo man auf einem umgebauten Alsterdampfer den Blick über die Binnenalster hinüber zum Hotel Vier Jahreszeiten genießt.

ETWAS ALTSTADT GIBT ES NOCH Aber auch die klassischen Sehenswürdigkeiten der City sind gut versteckt und nicht allzu zahlreich. Kaum ein Dutzend Bauwerke aus der Zeit vor 1800 blieb erhalten. Und das liegt nicht nur an der Abrisswut der Hanseaten. Schließlich wurden beim Großen Brand von 1842 zwei Drittel aller Häuser innerhalb des Stadtwalls zerstört. Das Feuer brach in der Deichstraße aus und wütete drei Tage lang. Doch ausgerechnet die Deichstraße mit ihren Fachwerkhäusern ist heute eines der wenigen historischen Ensembles der Stadt. Hier, am Nikolaifleet, und in der nahen Reimerstwiete ist das alte Hamburg noch erkennbar. Die Speicher an der Rückseite der backsteinernen Kaufmannshäuser konnten vom Fleet aus beladen werden. Da kamen die Güter aus aller Welt an – noch heute gibt es in der Deichstraße einen Laden mit Kolonialwaren. Vom Rathaus sind diese historischen Straßen nicht weiter entfernt als der Hauptbahnhof. Dennoch liegen sie im Bewusstsein der Hamburger ›ab vom Schuss‹. Dafür hat in den 1950er-Jahren die sechsspurige Ost-West-Straße gesorgt, die – ohne Sinn für Ästhetik – die Innenstadt durchschneidet.

VIEL NEUES IN DER NEUSTADT Auch Hamburgs bekannteste Kirche, der Michel, liegt

WENIG HAT DER GROSSE BRAND VON 1842 übrig gelassen. In der Deichstraße sind die schmalen althamburgischen Giebelhäuser direkt am Nikolaifleet erhalten geblieben. Eine glimmende Zigarre hatte damals das Inferno ausgelöst: Ein Viertel der ganzen Stadt, darunter das Gängeviertel, fiel ihm zum Opfer.

HAMBURGISCHER DREIKLANG von Hermes, dem griechischen Gott des Handels, auf dem Dach des Schiffsausrüster Schmeding, der barocken St. Michaelis-Kirche und moderner Büroarchitektur. Das Viertel rund um den Michel wurde im Zweiten Weltkrieg vollständig zerstört, das Wahrzeichen der Stadt jedoch schnell wieder restauriert.

WAHRZEICHEN HAMBURGS: DER MICHEL

an dieser ungeliebten ›Autobahn‹ – die zwar seit Jahren schon Ludwig-Erhard- und Willy-Brandt-Straße heißt, für die Hamburger aber immer die Ost-West-Straße geblieben ist. Man muss schon gute Ohren und viel Muße haben, um in dem Verkehrsgetöse die zarten Trompetenklänge zu hören, die vom Michel herunterschallen. Zweimal am Tag, um 10 Uhr morgens und um 21 Uhr abends, sonntags auch um 12 Uhr, steht dort der Turmbläser und spielt seinen Choral. Für die Menschen in der Neustadt ist er eine Institution, auch wenn sie ihn wahrscheinlich nie zu Gesicht bekommen haben. Einen Besuch ist die schönste Barockkirche Norddeutschlands allemal wert. Das Kirchspiel entstand Anfang des 17. Jahrhunderts zusammen mit der Neustadt. Das mehrfach durch Brände stark zerstörte Gotteshaus wurde immer wieder aufgebaut. Seine drei Orgeln, darunter eine Steinmeyer-Orgel mit 85 Registern und 6665 Pfeifen, verwandeln den hohen, rund 2500 Menschen fassenden Innenraum bei Orgelkonzerten in einen stimmungsvollen Konzertsaal. Aber trotz Michel und einiger anderer historischer Gebäude hat die Neustadt – mit immerhin mehr als 400 Jahren auch nicht mehr die Jüngste – nur wenig Altes zu bieten. Die meisten Häuser entstanden nach dem Zweiten Weltkrieg, bis in die 1990er-Jahre wurden brachliegende Flächen bebaut. Dabei erhielt die Fleetinsel zwischen Herrengraben und Alsterfleet eine fast völlig neue Gestaltung. Stadtbaudirektor Fritz Schumacher, der nach 1909 für die Renaissance des Backsteins verantwortlich war, wäre angesichts der neuen klinkerroten Großzügigkeit zufrieden. Der Fleetmarkt inmitten der Insel ist einer der ältesten Plätze der Stadt, aber er gehört ihr nicht mehr. Als einer der ersten öffentlichen Räume Deutschlands wurde er, ähnlich dem Potsdamer Platz in Berlin, privatisiert. Das heißt, in bewährter pfeffersäckischer Manier, zu Geld gemacht. In anderen Stadtteilen Hamburgs hätte das zu Protest geführt. Hier, in der Innenstadt, wo Büros, Banken und Business den Alltag bestimmen, fällt das nicht weiter auf.

NEUSTADT ELEGANT

Neuer Wall, Gänsemarkt und ABC-Straße: Die an die Binnenalster angrenzenden Straßenzüge gehören zu den elegantesten Einkaufsarealen der Hansestadt. Gediegene hanseatische Geschäfte sind hier zu finden, ebenso internationale Modelabels mit ihren Flagshipstores. Überdachte Einkaufspassagen erlauben einen Bummel bei jedem Wetter.

M

ALLES FÜR DEN GENTLEMAN: Ladage & Oelke gehört zu den hanseatischen Traditionsgeschäften am Neuen Wall. Seit 1845 in Familienbesitz demonstriert es die Affinität der Hamburger Kaufmannschaft zu England.

HANSEATISCHE INSTITUTION: Die Hamburger Bücherstube Felix Jud ist seit 1923 ein Treffpunkt für literarisch Interessierte, »für Freunde, Politiker aller Couleur, für Maler, Dichter, Schauspieler und Müßiggänger aller Art«.

OBEN | HAMBURG gilt als Einkaufmetropole des Nordens. Bis aus Skandinavien kommen Kunden, um einen entspannten Shopping-Bummel mit einer Stadtrundfahrt oder einem Musicalbesuch zu verbinden. RECHTS | DIE UM 1900 entstandene Mellin-Passage verbindet die Alsterarkaden mit dem Neuen Wall. Geschäftsauslagen müssen hier mit der Jugendstil-Hinterglasmalerei und den bemalten Decken konkurrieren.

& CO.
BUCHHANDLUNG

BÜRGERPALAST

Mit genau 111 Metern ist das Rathaus ebenso breit wie sein Turm hoch ist. Senat und Bürgerschaft teilen sich das Gebäude und stehen in der Stadtverfassung auch sonst gleichberechtigt nebeneinander. Eine Besichtigung führt durch das Foyer, die repräsentativen Prunkräume, den Bürgermeister- und den Kaisersaal.

OBEN | IM INNENHOF, der das Rathaus mit Handelskammer und Börse verbindet, sprudelt der Hygieia-Brunnen. Ein ganz besonderes Ambiente für klassische Sommerkonzerte. UNTEN | DER BLICK VOM TURM der St. Petri-Kirche macht es deutlich: Es prägen nicht Bürohochhäuser, sondern die Kupfer verkleideten Türme der Hauptkirchen und des Rathauses die Stadtsilhouette. RECHTS | DURCH MASSIVE TÜREN gelangen Gäste in den Großen Festsaal des Rathauses. Fünf gewaltige Gemälde illustrieren dort die Geschichte Hamburgs, die 62 Stadtwappen des alten Hansebundes schmücken die Wände.

EIN GROSSES SPEKTRUM abendländischer Kunst von mittelalterlichen Altarbildern bis zu Werken der Moderne und des Surrealismus zeigt die Hamburger Kunsthalle.

DIE GALERIE DER GEGENWART ist unterirdisch mit der Kunsthalle verbunden und zeigt zeitgenössische und Avantgarde-Kunst.

MAX LIEBERMANN und andere Protagonisten des deutschen Impressionismus sind in der Kunsthalle prominent vertreten.

DIE DEICHTORHALLEN im Gebäude des früheren Blumenmarkts widmen sich zeitgenössischer Kunst und Fotografie.

KUNST- UND MUSEUMSMEILE

KUNST UND KULTUR in einer Kaufmannsstadt kann kompliziert sein. Denn Hamburg hatte nie einen absolutistischen Herrscher, der zur Mehrung seines Ruhms in großem Stil Bilder erwarb oder in Auftrag gab. Und Kaufleute sind nicht ganz so freigiebig. In Hamburg gründete sich 1817 ein Kunstverein interessierter Bürger, die sich gemeinsam Kunstwerke aus eigenen Sammlungen ansahen. Diese Keimzelle der heutigen Museumslandschaft veranstaltete bald öffentliche Ausstellungen und konnte mit einem Fundus gespendeter Werke 1921 in einen eigenen Ausstellungssaal, die Kunsthalle, ziehen. Heute hat Hamburg mehr als zwei Dutzend öffentliche und private Kunstmuseen. Der alte Wallring zwischen Alster und HafenCity bildet mit der Kunsthalle, der Galerie der Gegenwart sowie den Museen und Galerien in den früheren Markthallen am Deichtor die Museumsmeile.

DORT, WO FRÜHER Obst- und Blumenhändler ihre Ware kauften, wird nun Kunst präsentiert: In den Deichtorhallen ist das Internationale Haus der Fotografie eingezogen, mit spektakulären Ausstellungen führender Fotokünstler.

OBEN | AUF DER FLEETINSEL zwischen den Alsterarmen kann man wie hier vor dem Restaurant Marinehof gemütlich draußen sitzen oder in der Kunstbuchhandlung Sautter + Lackmann schmökern. RECHTS | DAS SIDE GEGENÜBER DER STAATSOPER gehört zur wachsenden Zahl von Designerhotels in der Stadt. Autos werden von einem computergesteuerten Aufzug automatisch im Parkhaus platziert.

WC

STOMP
Share the Spirit!
LAEISZHALLE HAMBURG
Ihr „Genuss-Reich“:
jetzt 6x in Hamburg
PERFETTO

OBEN I IN DEN KRAMERAMTSSTUBEN gleich beim Michel verbrachten Mitte des 19. Jahrhunderts Witwen von Lebensmittelhändlern ihren Lebensabend. Eine Wohnung ist als Museum hergerichtet. UNTEN I DIE GEBÄUDE IN DER PETERSTRASSE scheinen zwar die Zeit seit dem 17. und 18. Jahrhundert überdauert zu haben, aber der Eindruck trügt: Es handelt sich um eine Rekonstruktion nach alten Plänen. LINKS I DIE BEIDEN SÄLE der Musikhalle fassen rund 2500 Besucher, der neobarocke Konzertbau liegt am Johannes Brahms Platz. Der Komponist wurde 1833 ganz in der Nähe geboren.

BACKSTEIN-EXPRESSIONISMUS

Das zehnstöckige Chilehaus gilt als Flaggschiff des Kontorhausviertels zwischen Mönckebergstraße und Speicherstadt. Mit der spitz wie ein Schiffsbug zulaufenden Ostfront des Gebäudes und einer ornamentalen Fassadengestaltung gehört es zu den Wahrzeichen Hamburgs.

VON DER GUT 82 METER hohen Aussichtsplattform der St. Michaelis-Kirche hat man einen weiten Blick über Stadt und Hafen. Man kann sie über 449 Stufen oder per Fahrstuhl erreichen.

DER NORDDEUTSCHE BAROCK zeigt sich im hohen Innenraum mit seinen geschwungenen Emporen in Gold mit dezentem Grau und Weiß.

NUR SCHWINDELFREIE klettern unter der Kupfer gedeckten Kirchturmhaube noch die Stufen der Wendeltreppe empor.

DIE GRÖSSTE TURMUHR DEUTSCHLANDS: Jeder ihrer Zeiger wiegt 130 Kilogramm, ihr Durchmesser beträgt 8 Meter.

ALLES ÜBER DEN MICHEL

WER VOM HAMBURGER MICHEL SPRICHT, meint die Hauptkirche St. Michaelis in der Neustadt. Sie ist dem Erzengel Michael geweiht, der als Statue mit einem Speer bewaffnet über dem Hauptportal den Teufel niederringt.

Im schlichten Kircheninneren bilden die Orgeln einen Blickfang: An jedem Tag zur Mittagsandacht werden sie gespielt. Der Taufstein, die Kanzel und der 20 Meter hohe Altar sind aus Carrara-Marmor. Aus weißem Marmor ist auch der Gotteskasten. Der Inhalt dieser edlen Sammelbüchse kommt traditionell den Armen zugute. Die eigentliche Gemeinde der St. Michaelis-Kirche zählt 4000 Seelen, doch im Laufe eines Jahres kommen mehr als eine Million Besucher zu Gottesdiensten und Veranstaltungen. Allein zum Motorradgottesdienst im Juni versammeln sich 40 000 Biker mit ihren Maschinen beim bekanntesten Hamburger Gotteshaus.

ZUSAMMEN MIT DER BACH-ORGEL auf der Südempore können von einem Orgeltisch drei Orgeln gleichzeitig bespielt werden, um Zuhörern ein einmaliges Musikerlebnis zu bescheren.

ELEGANTE SCHRÄGE

Der aus Wisconsin stammende Direktor des Hamburg Balletts in der Staatsoper, John Neumeier, wurde längst von den Hamburgern adoptiert. Sein Ballettensemble gehört zu den besten der Welt.

NEBEN KULTUR bietet die 2te Heimat auch Kulinarisches und Kommunikation: Nach der Vorstellung gibt es ein Menü mit Austausch über das Stück oder das Leben.

HUNDERTE VON SCHAUSPIELERN bereiten sich jeden Abend für ihre Auftritte auf den mehr als 40 Bühnen der Stadt vor.

AUF DEM SPIELBUDENPLATZ in St. Pauli öffnet abends ein halbes Dutzend Theater die Türen, von Musicals bis zur Travestie.

DIE STAATSOPER gehört mit dem Deutschen Schauspielhaus und dem Thalia Theater zu den renommiertesten Bühnen Deutschlands.

ALLES NUR THEATER

VIEL THEATER MACHT HAMBURG mit seinen gut 40 staatlichen und privaten Bühnen. Im Ohnsorg-Theater wird regelmäßig Plattdeutsch gespielt, Thalia Theater und Hamburger Schauspielhaus sorgen mit spannenden Inszenierungen für Furore. Auf Kampnagel, einer ehemaligen Kranfabrik in Hamburg Barmbek, zeigen freie Theatergruppen ihr Können, in Eppendorfs Alma Hoppes Lustspielhaus unterhalten Kabarettisten mit kritischem Humor, und mit mehr als zwei Millionen Besuchern jährlich liegen die Musicalbühnen auf dem weltweit dritten Platz, gleich nach New York und London. Es gibt ein English Theatre, ein Theater auf dem Schiff und ein Theater für Kinder. Die Winterhuder Komödie zeigt erfolgreich Boulevardstücke, und mit dem Schmidt Theater und Schmidts Tivoli hat der Berufs-St.-Paulianer Corny Littmann die Reeperbahn wieder neu belebt.

DAS THALIA THEATER gehört mit dem Schauspielhaus zu den beiden großen Sprechbühnen Hamburgs, mit rund 15 Premieren im Jahr im Haupthaus in der Innenstadt und auf der Studiobühne in Hamburg Altona.

TODAY PHILIP GLASS

DUMONT EXTRA

HAFENCITY

DEM WASSER ZUGEWANDT

IM GEGENSATZ zu den Cafés in der HafenCity ist der Kristallkörper der Elbphilharmonie noch Computeranimation. Die auf einem alten Kakaospeicher ruhende Konzerthalle wird Hamburgs neues Wahrzeichen.

DIE NEUE WASSERSEITE HAMBURGS verbindet das seit Generationen im Hafen verankerte Fernweh mit urbaner Aufbruchstimmung. Wer heute am Strandkai stromabwärts schaut, wird von dem besonderen Flair des Ortes verführt und sehnt den Tag herbei, an dem dieser Blick vom Kristallaufbau der Elbphilharmonie aus möglich sein wird.

Kräne ragen in den Himmel, es wird gebaut. Straßen umkurven Rohbauten und bereits fertige Apartmenttürme mit Panoramablick. Es ist unübersehbar, mit der HafenCity entsteht ein neuer Stadtteil und diesmal nicht an der Peripherie, sondern mitten im Zentrum der Hansestadt. Das Ensemble von acht modernen Büro- und Wohngebäuden an dem nach historischem Vorbild restaurierten Sandtorkai liegt nur 800 Meter vom Rathaus entfernt. An den geschwungenen Pontons im Hafenbecken liegt eine kleine Flotte von Traditionsschiffen, der alte Senatsdampfer Schaarhörn, die Rennyacht Artemis oder der Lotsenschoner Elbe No. 5. Am Kai flanieren Besucher oder schlürfen Cocktail im Chilli-Club an den Magellan-Terrassen. Inzwischen gibt es am benachbarten Dallmannkai nicht nur das täglich mehr in die Höhe strebende Gebäude der neuen Elbphilharmonie, Flaggschiff der hiesigen Bauaktivitäten, sondern auch Cafés und einige schicke Restaurants. Nicht weit entfernt erinnert eine Bronzestatue an den in Hamburg noch immer populären Seeräuber Klaus Störtebeker, der 1401 hier auf der Richtstätte am Grasbrook einen Kopf kürzer gemacht wurde.

DIE HAFENUNIVERSITÄT FÜR BAUKUNST und Metropolenentwicklung wird mit ihrem Schwerpunkt einmalig in Europa sein. Gegenwärtig sind Lehr- und Verwaltungsräume noch über das Stadtgebiet verstreut. Der schnittige Neubau direkt am Magdeburger Hafen soll aber gegen Ende 2012 bezogen werden.

STADTTEIL MIT ATTRAKTIONEN Anders als in früheren Großwohnsiedlungen oder Gewerbeclustern der Hansestadt macht es hier die urbane Mischung: Wohnen und Arbeiten, Kultur zum Anschauen und Mitmachen, Architektur von konventionell bis avantgardistisch, Ausbildung von Grundschule bis Universität, Kulinarisches von der Kaffeeklappe bis zum Gourmetrestaurant. Dazu kommt die Lage am Wasser, mit zehn Kilometer langer Uferpromenade entlang den ehemaligen Hafenbecken und am Elbstrom. Maritimes auch zum Anschauen, Experimentieren und Träumen: ScienceCenter und Großaquarium sind in Planung, in das einmalige Internationale Maritime Museum strömen bereits heute die Besucher, und immer mehr Kreuzfahrtriesen von der Queen Mary bis zu den AIDA-Partyschiffen entdecken schon vor der Eröffnung des futuristischen Kreuzfahrtterminals 2011 Hamburgs besonderes Flair. Zehn Brücken verbinden den seit kurzem auch offiziell eigenen Hamburger Stadtteil mit dem ›Festland‹, einige sind für Fahrradfahrer und Fußgänger reserviert. Hinzu kommt ein Tunnel, durch den eine neue U-Bahn-Linie das Quartier bis 2012 an das Schnellbahnsystem der Stadt anschließen wird.

WANDEL GAB ES HIER IMMER Mit dem bis 1866 auf der Elbinsel Grasbrook ausgehobenen Sandtorhafen

BILLIG sind die Wohnungen nicht, aber schick. In der HafenCity sollen einige Tausend Menschen leben, die in den Genuss von urbanem Leben mit Museen,Theater und Konzerten kommen werden. Dazu gibt es Ausblicke auf die Elbe und die Riesenpötte, die an den Kreuzfahrtterminals des neuen Cruise Centers festmachen.

besaß die Hansestadt seinerzeit das modernste Hafenbecken der Welt. Doch vor allem mit der rasanten Zunahme des Containerumschlags wurden große Stapelflächen notwendig, für die nur elbabwärts Platz geschaffen werden konnte. Und die nunmehr kaum genutzten citynahen Kais und Lagerschuppen gleich hinter den Backsteingebäuden der Speicherstadt, ein 157 Hektar großes Hafenareal, werden radikal umgestaltet.

Die Dynamik des Wandels ist spürbar in der HafenCity. Wo gestern noch baufällige Kaischuppen standen, stehen heute Baukräne, werden Pfähle zur Stabilisierung des Untergrunds in den Boden gerammt. Der Umzug alter Hafenfirmen, der Abriss und die Restaurierung von Gebäuden, das Brachfallen von Gelände oder seine Zwischennutzung, die Anlage verbesserter Verkehrswege und der Bau neuer Bürogebäude, Wohnanlagen und Plätze, alles findet gleichzeitig und doch wohlorganisiert statt. So sind das neue Gebäude des Spiegel-Verlags, der Unilever-Turm, die Greenpeace-Zentrale und ein ökumenisches Forum der in Hamburg vertretenen christlichen Kirchen im Bau. Verantwortlich für das komplexe Entwicklungsmanagement ist die stadteigene HafenCity-Gesellschaft. Und alle, die den Puls der Entwicklung spüren wollen, informiert das HafenCity-InfoCenter im früheren Kesselhaus der Speicherstadt mit einem großen Modell über jeden Baufortschritt.

Doch wo viel Licht ist, gibt es auch Schatten. Das Wohnquartier für angeblich jeden ist längst eine geschlossene Gesellschaft, die die überaus attraktiven Unterkünfte bereits unter sich verteilt hat – und wohl weiterhin verteilen wird, bis in rund 20 Jahren der Masterplan mit den Hochhäusern an den Norderelbbrücken umgesetzt sein soll. Dann gehören die gerade bezogenen Bauten am Sandtorkai bereits zu den Veteranen – zumindest in der angesagten HafenCity.

ADRESSE & INTERNET

HafenCity InfoCenter

Am Sandtorkai 30, www.hafencity.com

CAP SAN DIEGO
HAMBURG
HAMBURG

HAFEN

Der Hafen verändert sich, das Fernweh bleibt. Windjammer und Stückgutfrachter ankern nur noch als Museumsschiffe im Hafen. Aus Kaianlagen sind Hightech-Terminals geworden. In der alten Speicherstadt werden keine Bananen mehr gelagert, sondern Vernissagen eröffnet. Und dennoch weckt der große Strom die Abenteuerlust.

DIE CAP SAN DIEGO hat als Museumsschiff an der Überseebrücke festgemacht, wo früher Passagierschiffe für die Fahrt über den Großen Teich ablegten. Der Stückgutfrachter der 1960er-Jahre bediente die Südamerika-Route für die Reederei Hamburg-Süd.

MARITIMES
MUSEUM

FRÜHER WURDEN IM ALTEN KAISPEICHER Getreide, Kaffee und Tee gelagert. Heute zeigt das Internationale Maritime Museum in der HafenCity eine einzigartige nautische Sammlung.

TOR ZUR WELT

Der Streit ist alt: Wo ist Hamburg am schönsten, an der Alster oder an der Elbe? Die Antwort ist Temperamentsache. Die Alster beruhigt, bietet Balsam für die Großstadtseele. Die Elbe ist aufregend, pulsierend, im ständigen Wandel. Wer von den Landungsbrücken Richtung Speicherstadt geht, erlebt ein Gewimmel von Barkassen, Fähren, Schuten und Schleppern, außerdem im Hintergrund die Werftkräne, Möwen schreien, das Wasser in den Kanälen glitzert. Nirgendwo wirkt Hamburg weltläufiger als hier, im größten Seehafen Deutschlands. Eine schlaflose Nacht auf St. Pauli, um 6 Uhr auf den Fischmarkt, Fischbrötchen-Frühstück an den Landungsbrücken und dann ab auf eine schwankende Barkasse zur Hafenrundfahrt – dieses Programm kann sich locker mit einer Äquatortaufe messen lassen.

AM CONTAINER-TERMINAL Der Hafen lebt. Und er schläft nie. Dafür ist jede einzelne Stunde, die ein Schiff am Kai verweilt, viel zu teuer. Das Liegegeld kann pro Tag bis zu 40 000 Euro betragen – da muss man sich sputen. Wie ein perfekt funktionierendes Uhrwerk greifen die Räder des Systems ineinander. In der Hafenverkehrszentrale werden sämtliche Schiffsbewegungen per Radar überwacht und geleitet. In Altenwerder, wo 2002 der modernste Containerterminal der Welt in Betrieb ging, ermitteln Großrechner die optimale Transport- und Ladeabfolge. Mit Hilfe von Ladar, einer Kombination aus Laser und Radar, kann die Position jedes einzelnen Containers auf zehn Zentimeter genau ermittelt werden.

Bei soviel Hightech mutet es geradezu anachronistisch an, dass die dicken Pötte, scheinbar unbeweglich wie Hochhäuser,

HINTER EINEM RIEGEL VON BACKSTEINGEBÄUDEN der historischen Speicherstadt im ehemaligen Freihafen ragen Baukräne in den Himmel. Auf verwaistem Hafengelände, das wegen der riesigen Containerterminals weiter westlich nicht mehr für den Güterumschlag benötigt wird, entsteht Hamburgs modernster Stadtteil, die HafenCity.

EIN HAFEN IM WANDEL

immer noch von kleinen Schleppern in die Hafenbecken und an die vorgesehenen Kais manövriert werden. Die Schlepperkapitäne sind einige der wenigen, die noch einem traditionellen Beruf nachgehen. Die Schauerleute von einst sind durch Van-Carrier-Fahrer, Kälte- und Klimatechniker, durch Computerspezialisten ersetzt worden. Der Tallymann, der im Auftrag des Reeders die Ladung an Bord prüft, nennt sich heute nüchtern Seegüterkontrolleur. »Tally me bananas« ist Vergangenheit – wie 90 Prozent aller Waren kommen auch die Bananen im Container nach Hamburg.

NICHTS FÜR NOSTALGIKER Und wo bleibt die Hafenromantik? Für Nostalgiker sind die schwimmenden Containerlager nicht halb so schön wie die unverändert schnittig wirkende Cap San Diego. Der ›weiße Schwan des Atlantiks‹ ist einer der letzten Stückgutfrachter, die gebaut wurden. Ebenso wie der dreimastige Windjammer Rickmer Rickmers dient er nur noch als Museumsschiff. Trotzdem: Wenn die behäbigen Riesen langsam den Strom hinunterziehen, mit Ziel Chile oder Sydney, kann man sich des Fernwehs kaum erwehren. Allerdings muss man für diesen Anblick ein gutes Stück flussabwärts gehen. Für die großen Frachter ist die Elbe bei den Landungsbrücken nicht mehr tief genug. Sie drehen schon bei Övelgönne in die südwestlichen Hafenbecken ab.
Für den Ausbau der Niederelbe, vor allem für den neuen Containerterminal am Ballinkai, musste ein ganzes Fischerdorf weichen. Von der Autobahn 7 aus kann man noch Altenwerders Gertrudenkirche sehen. Menschen leben hier nicht mehr. Sie haben den jahrzehntelangen Kampf gegen die Hafenerweiterung längst verloren. Und schon steht Moorburg zur Disposition.

JAHRHUNDERTPROJEKTE Und der Wandel geht weiter. In der Nachbarschaft der Speicherstadt entsteht statt der nicht mehr genutzten Kaianlagen die HafenCity. Hamburgs Bürgermeister, egal welch politischer Couleur, schwärmen vom größten innerstädtischen Bauvorhaben Europas, von 40 Prozent neu gewonnener Innenstadt, einer architektonischen Herausforderung! Die Hamburger dagegen hoffen, dass nicht der ewig gleiche Fehler gemacht wird, ein Fehler, der die City nahezu entvölkert hat: Es entstanden oft Büros statt Lebensraum. Versprochen werden 5500 Wohnungen, 20 000 Arbeitsplätze, ein Kreuzfahrtterminal,

»AUF DER REEPERBAHN NACHTS UM HALB EINS ...«

das Zigmillionen teure Prestigeobjekt Elbphilharmonie, Museen und Restaurants, doch das neue Stadtviertel in Sahnelage wird ein Luxusflecken werden, mit entsprechenden Quadratmeterpreisen.
Am Holzhafen und in Neumühlen, westlich des Fischmarkts, ist diese Entwicklung schon zu sehen. Zwischen Autostrich und Fischhallen werden im Rive oder im Indo-Chine Cocktails geschlürft und Sushi-Häppchen getafelt, wird im Stilwerk geshoppt. Unaufhaltsam verändert die gewohnte Elbsilhouette ihr Gesicht.

VERGNÜGEN OHNE ENDE Wer nach Hamburg kommt, kann was erleben. Und das vor allem auf St. Pauli, das derzeit angesagter ist als zu Hans Albers' Zeiten. Zwischen Sexshops und Nachtclubs wuchert eine wilde Mischung aus Theater und Livemusik, Kneipen und Kaschemmen. Hier gibt's alles, nur keine Sperrstunde. Vielleicht macht das ja den Reiz von St. Pauli aus: Hier ist alles erlaubt. Sogar das Anständigsein. Wenn nette Ehepaare aus der Vorstadt ihren Hochzeitstag im Café Keese feiern, dann stört das die leichten Mädchen am Hans-Albers-Platz genauso wenig wie die schweren Jungs, die sich gerade den Schädel tätowieren lassen. Rund um die Reeperbahn gilt die große Freiheit. Und immer noch werden in den Musikclubs Trends gesetzt, wenn auch nicht ganz so spektakulär wie zur Zeit der Beatles: Der Mojo Club an der Reeperbahn war jahrelang richtungweisend in Sachen Dancefloor-Jazz und Pop-Literatur, und der Golden Pudel Club am Fischmarkt gehört zu den Wegbereitern des deutschen Hiphop.
Auch die Theaterszene boomt seit Jahrzehnten, Corny Littmann und Ernie Reinhard alias Lilo Wanders sei es gedankt. Ihr Theater hat mit der »Pension Schmidt« die erste deutsche Soap-Opera auf die Bühne gebracht. Ohne den Vater und die Mutter der beiden Schmidtschen Theater wäre die Reeperbahn nicht das, was sie heute ist. Aber St. Pauli ist nicht nur der Kiez. Es ist auch ein altes Hafen- und Arbeiterviertel, ein ganz eigenes Wohnquartier. Die Menschen, die hier leben, haben eine besondere Anhänglichkeit zu ihrem Stadtteil entwickelt. Und da nehmen sie den nächtlichen Rummel genauso hin wie den Müll, den die Nachtschwärmer in den Straßen hinterlassen. Nur wenn dreimal im Jahr ›Dom‹, damit meint der Hamburger den Jahrmarkt, auf dem Heiligengeistfeld ist, dann wird auch mal über die Unannehmlichkeiten gemeckert.

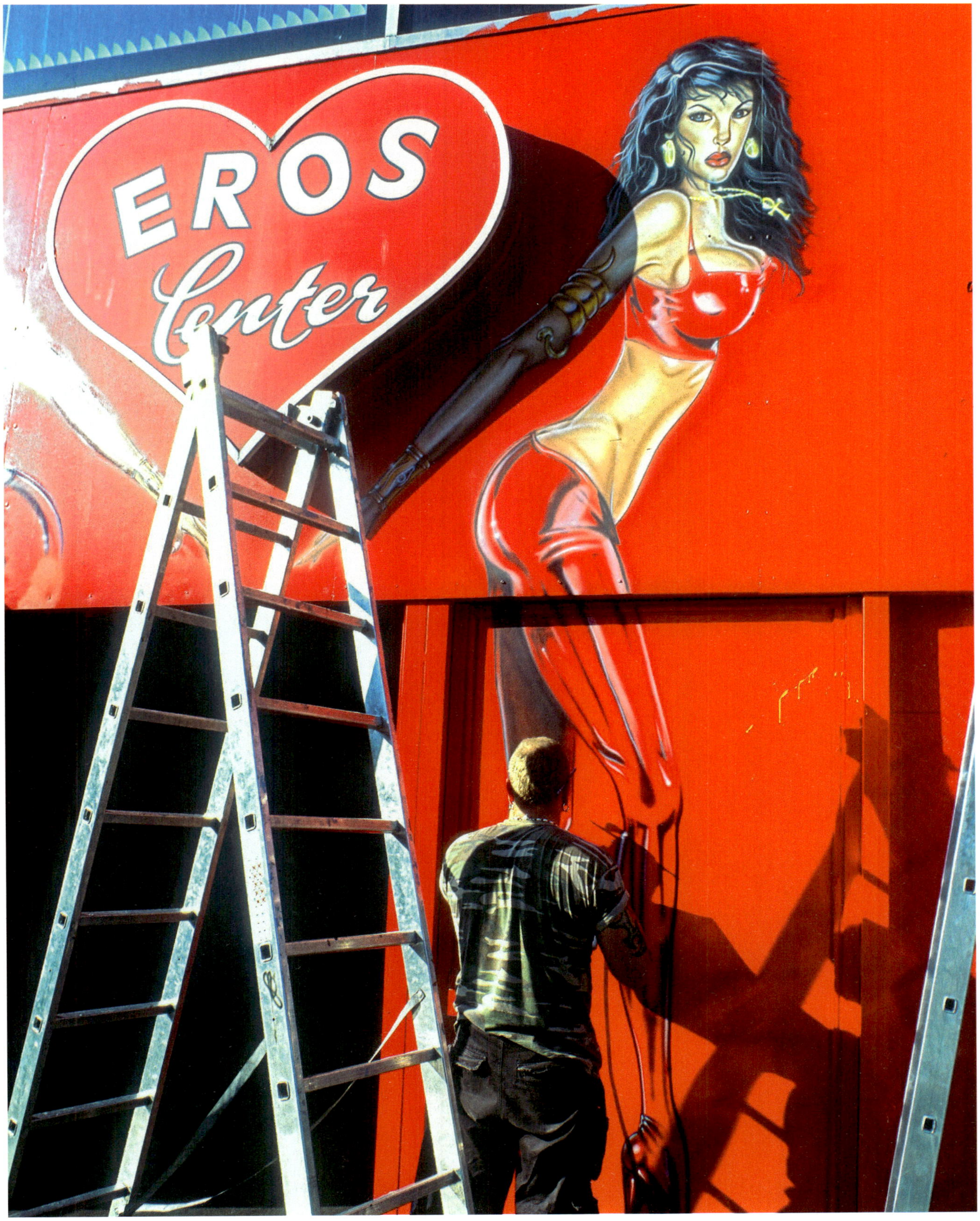

HANS ALBERS UND FREDDY QUINN besangen noch die Liebe der Matrosen. Die haben bei den kurzen Liegezeiten im Hafen heute keine Zeit mehr für einen Reeperbahnbummel. Dafür kommen an Wochenenden bis zu 70 000 andere Besucher, auch zu Kneipen, Discos und Theatern.

SIEGESZUG DER BUNTEN KISTEN

Container haben die Handelsschifffahrt verändert: 1966 wurde der erste genormte Stahlbehälter im Hamburger Hafen umgeschlagen. Heute erreichen 97 Prozent der Stückgutfracht die Häfen in den Metallkisten. Der Umschlag wird nicht mehr über Speicher abgewickelt, sondern über riesige Stapelflächen und automatisierte Kranbrücken.

STADTVIERTEL AM WASSER

Blick vom Aussichtsturm am Großen Grasbrook: Mit rasender Geschwindigkeit wächst ein neues Stadtviertel heran. Bilder der HafenCity können immer nur Momentaufnahmen sein, so rasant ändert sich der Anblick. Die Häuser auf dem Dalmannkai sind inzwischen bezogen. Auf den Marco-Polo-Terrassen sonnen sich Spaziergänger.

OBEN | CONTAINERSCHIFFE haben heute eine Tragfähigkeit von mehr als 10000 Containern. Im Spitzenbetrieb bewältig der Hamburger Hafen dank modernster Technik rund 10 Millionen Standardcontainer im Jahr. RECHTS | HAMBURG ist eine wichtige Anlaufstation für Kreuzfahrtschiffe diverser Reedereien auf Europaroute. Regelmäßig müssen sie im Trockendock der Werft gereinigt und überholt werden.

MAXIM GORKIY

EINST GEWÜRZLAGER

Fleete durchziehen das 25 Hektar große Gebiet der Speicherstadt, in dem Kaufleute früher Waren zwischenlagern konnten, ohne sie zu verzollen. In den geradezu idyllischen Komplex von backsteinroten Lagerhäusern sind inzwischen Museen, Verlage und Medienagenturen eingezogen.

MASSSTAB 1:87 – in der größten Miniatureisenbahnanlage der Welt kann man Verkehrswege, die Alpen und Menschen auf Campingplätzen bestaunen. In kurzer Zeit wurde das Miniaturwunderland zu einer Top-Attraktion in Hamburg.

IM GRUSELKABINETT des Hamburg Dungeon werden Seeräuber geköpft und andere Schockerlebnisse im Minutentakt geboten.

DAS MARITIME MUSEUM zeigt auf zehn Böden die Welt der Seefahrt, vom Leben auf Marineschiffen bis zu goldenen Schiffsminiaturen.

IN EINEM 100 JAHRE ALTEN Lagerhaus zeigt das Speicherstadtmuseum Waren und Arbeitsgeräte, Kaffeesäcke und Kautschukballen.

VOM LAGER ZUM SHOWROOM

HAMBURG HOLT SICH altes Stadtgebiet zurück. Den Anfang machte die Speicherstadt, die sich wieder den Bürgern öffnet. Für den Ausbau des Freihafens wurde im 19. Jahrhundert ein altes Wohnviertel komplett zerstört. Aber was für Bauten entstanden da neu! Gotik und Renaissance standen Pate und schufen ein bizarres Bild von Türmchen und Giebeln. Hinter Backsteinmauern lebten die Händler und Quartiersleute 100 Jahre lang in einer eigenen Welt. Seit mehreren Jahren siedeln sich zwischen Teppichlagern und Schiffsausrüstern Medienfirmen, Agenturen und Museen an. Unbemerkt von vielen Hamburgern hat sich eine weitere Museumsmeile entwickelt mit mittlerweile neun Ausstellungsorten. Darunter das exotisch duftende Gewürzmuseum oder auch der ›Dialog im Dunkeln‹, der die Besucher in absoluter Finsternis das Unsichtbare entdecken lässt.

DAS AUTOMUSEUM PROTOTYP präsentiert Renn- und Sportfahrzeuge vor allem der Nachkriegszeit und zeigt dazu Kunst rund um das Automobil.

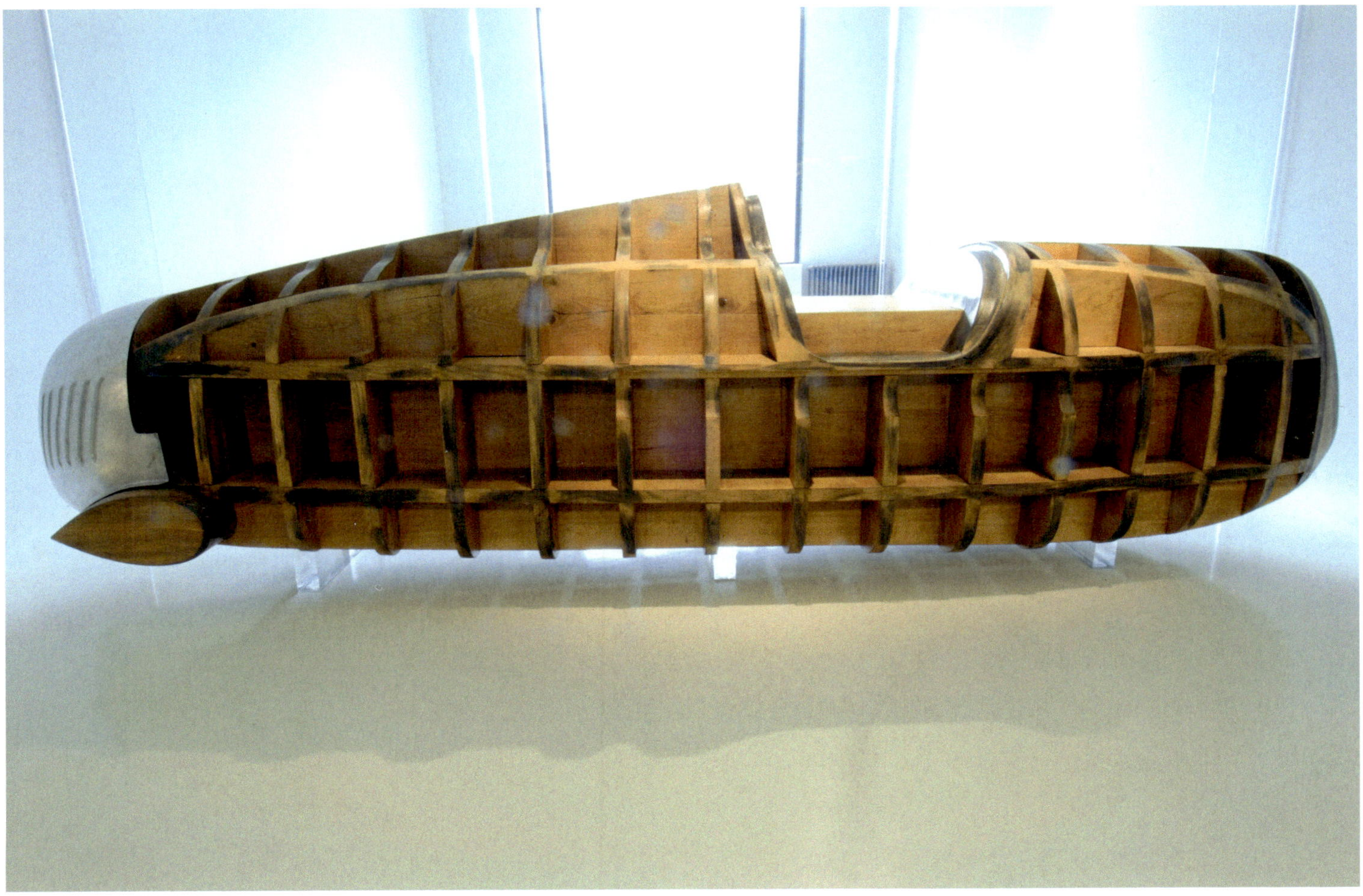

BACKSTEINKULISSE

Die dicken Mauern der Speicherstadt, hinter denen immer noch viele Teppiche und Gewürze lagern, krönen Giebel und Türmchen. Abends wird die Szenerie beleuchtet, und man kann sich gut vorstellen, dass Licht und Schatten der Gebäude eine unheimliche Szenerie für die Aufführung des »Hamburger Jedermann« bieten.

OBEN | DER ELBTUNNEL verbindet seit rund 100 Jahren in 24 Metern Tiefe die St.-Pauli-Landungsbrücken mit der Elbinsel Steinwerder. UNTEN | EIN AUFZUG bringt Fahrzeuge und Fußgänger zu den Tunnelröhren. Als technisches Meisterwerk steht der Tunnel unter Denkmalschutz. RECHTS | VON DEN PONTONS bei den Landungsbrücken legen die Hafenfähren ab. Der Pegelturm zeigt die Uhrzeit und den Wasserstand der Elbe.

BLOHM+VOSS DOCK ELBE 17
BRUCKE 3
BARKASSEN

INDUSTRIEKULTUR

Das früher etwas heruntergekommene Viertel an der Hafenlinie ist im Aufwind. Im Stilwerk werden auf mehreren Etagen edel gestaltete Möbel, Lampen und Interieur angeboten. Im Restaurant schräg gegenüber kann man vorbeifahrenden Kreuzfahrtriesen zuprosten. In den Lofts arbeiten Konzeptentwickler an Magazinen für übermorgen.

IDYLLE AM ELBSTRAND

Viel bedarf es nicht zum Glück. Ein Platz im Liegestuhl, etwas zum Trinken, nette Leute zum Klönen, ab und an ein vorbeifahrendes Schiff, um ein wenig weite Welt zu schnuppern. Gut, dass all dies bei der Strandperle am Elbufer von Övelgönne zusammenkommt.

OBEN | DAS INDOCHINE liegt mit anderen Gourmetrestaurants an der Elbpromenade bei Neumühlen. Beim Athabaskakai am gegenüberliegenden Ufer werden rund um die Uhr Containerschiffe entladen. UNTEN | DIE LINDENTERRASSE des Restaurants Louis C. Jacob mit ihrem Panoramablick hat schon Max Liebermann in seinem berühmten Bild verewigt. RECHTS | PIANOBEACH nennt sich die Mischung aus Beach- und Pianobar, in der das IndoChine seine Gäste zum Entspannen einlädt.

EDLES SAMMELSURIUM

HafenCity und Speicherstadt haben auch ungewöhnliche Museen angezogen: eines für Prototypen schnittiger Sportwagen, ein anderes für afghanische Teppiche, für orientalische Gewürze und ein Museum, in dem der Zoll Schmuggelware und enttarnte Verstecke zeigt.

THE UNIVERSAL
25
Vorteile

OBEN | DAS DOLLHOUSE AUF DER GROSSEN FREIHEIT in den Räumen des ehemaligen Star-Clubs gehört zu den Erotik-Klassikern der ›geilen Meile‹. LINKS | ES GIBT NICHT NUR STRIPTEASELOKALE auf dem Kiez. Der Sommersalon am Spielbudenplatz gehört zu den angesagten Party-Locations in St. Pauli mit abendlichem DJ-Soundprogramm, nicht weit von Schmidt Theater und Schmidts Tivoli.

DUMONT EXTRA

FISCHMARKT

FISCH GIBT ES HIER AUCH

»AALE, AALE!«
Der Aalverkäufer auf dem Hamburger Fischmarkt muss sich durchsetzen gegen die lautstarken Versteigerer von Zimmerpalmen und gegen wortgewaltige Bananenverkäufer.

FISCH IST UNVERÄNDERT ein wichtiges Thema in Hamburg – auch wenn sich der sogenannte Fischmarkt längst zu einem rummelartigen Vergnügen ausgewachsen hat, das man nichtsdestotrotz wenigstens einmal erlebt haben sollte. Zwar liegt Hamburg nicht an der Nordsee, wie viele Binnenländler vermuten, aber die seit jeher schiffbare Elbe verbindet die Hansestadt direkt mit den Weltmeeren und ihren Fanggründen. In der rekonstruierten Fischauktionshalle direkt am Hafenkai – heute ein multifunktionales Veranstaltungszentrum – wurden einst die Fänge ganzer Kutter und Trawler versteigert. Fischauktionen gibt es auch heute noch – einige hundert Meter weiter elbabwärts und nur für Fisch verarbeitende Betriebe und den Einzelhandel. Kühlketten sorgen dafür, dass hier selbst tropische Fische und Krustentiere, fangfrische Schwertfische oder Red Snapper unter den Hammer kommen und vielleicht schon abends appetitlich zubereitet auf dem Teller eines Restaurantgastes liegen.

TRADITION SEIT 1861 Der Fischmarkt für die Bewohner fand früher – auch – am Sonntagmorgen statt, noch vor dem Kirchgang, später wurde es draußen zu warm für die Fische. Diese Tradition hat sich erhalten, und zum Fischmarkt am Hafen jeden Sonntagmorgen von 5 bis 9 Uhr (im Winter ab 7 Uhr) treffen sich Tausende, Touristen und einige Nachtschwärmer, die durchgemacht haben, dazu Familien, die hier von lebenden Kaninchen und meterhohen Palmen bis zum Kabeljau alles mögliche einkaufen können. Nach dem Einkauf oder Marktbummel spielt in der restaurierten Fischauktionshalle eine Dixieland-Kapelle zum Frühstück auf. In vielen Hamburger Familien hat ein wöchentliches Fischgericht noch immer Tradition. Da wundert es nicht, dass Hamburg mit einem Pro-Kopf-Verbrauch von rund 13 Kilogramm Fisch im Jahr an der Spitze aller Bundesländer liegt.

ES GIBT NOCH FISCHER Der Anteil heimischer Fischer an dem in Hamburg verkauften Fang ist im Laufe der Jahre immer geringer geworden. Gerade sechs Kutter sind von der einst größten Fischereiflotte des Deutschen Reiches auf der Hamburger Elbinsel Finkenwerder übrig geblieben. Zunehmende Konkurrenz, leer gefischte Fanggründe und Umweltprobleme in der Elbe kamen zusammen. Drei historische Segelkutter haben sich, von Stiftungen betreut, in die moderne Zeit und in Museumshäfen retten können.

Im Gebiet des Hamburger Hafens sind noch zwei Berufsfischer aktiv. Einer von ihnen ist Olaf Jensen, der in seinen Reusen und Stellnetzen Aal, Zander und Butt fängt. Und da die Elbe in den letzten Jahren wieder sauberer geworden ist, hat sich sogar der Stint zurückgewagt. Zwischen Februar und April kommen die kleinen lachsartigen Fische zum Laichen aus der Nordsee elbaufwärts. Ab Blankenese werden sie gefangen und bereichern gebacken, gebraten, geräuchert, in der Suppe oder sauer eingelegt als lokale Spezialität für eine kurze Zeit die Speisekarten von Fischrestaurants in Hamburg und Umgebung.

ADRESSE & INTERNET

Altonaer Museum Zur Kulturgeschichte der norddeutschen Küstenregion gehört auch die Fischerei. Historische Schiffsmodelle, Dokumente und andere Exponate informieren zum Fisch- und Walfang der letzten 300 Jahre (Museumstraße 23, Altona, altonaermuseum.de).

STADTTEILE

Pöseldorf und Harvestehude, Eppendorf und Uhlenhorst, Sternschanze und Ottensen – so eigen wie ihre Namen sind auch die Gesichter der Stadtviertel. Und die Hamburger bleiben ihren ›Dörfern‹ treu. Wer aus der Alternativszene des Schanzenviertels ins schicke Uhlenhorst ziehen muss, dem bricht es das Herz. Und wer aus seiner Villa im eleganten Harvestehude ins verwinkelte Multikulti-Ottensen übersiedelt, wechselt Welten. Links der Alster oder rechts der Alster – für viele eine Schicksalsfrage.

DIE GRÜNANLAGEN UND PARKS an den Ufern machen die Außenalster zu einem beliebten Freizeitareal mit Bänken, Liegewiesen und einer Lauf- und Fahrradstrecke.

IM CAFÉ des wunderbar restaurierten Literaturhauses am Schwanenwik im Stadtteil Uhlenhorst finden regelmäßig gut besuchte Dichterlesungen und Diskussionen über literarische Themen statt.

VERSCHIEDENE WELTEN

An einem gewöhnlichen Vormittag im Park des Alstervorlands, da trifft man sie: feine Damen, die ihre Windhunde spazieren führen; Herren, die im Anglo-German-Club ganz unter sich ihren Lunch nehmen wollen – weibliche Wesen haben hier mit Ausnahme der Queen erst ab 16 Uhr Zutritt – und höhere Hanseatentöchter auf dem Weg in die Pöseldorfer Boutiquen. Ja, die Viertel rund um die wunderschöne Außenalster zählen zu den ersten Adressen in Hamburg, verständlicherweise. Als sich im 19. Jahrhundert die Stadt vergrößerte, entstanden hier – in Rotherbaum, Harvestehude und Uhlenhorst – repräsentative Villen und Stadthäuser. Letztere könnte man schnöde als Reihenhäuser bezeichnen, wenn sie denn nicht so vornehm wären. Das Literaturhaus am Schwanenwik mit seinem prächtigen Café bietet Einblick in so ein bürgerlich-gediegenes Stadthaus. Mittlerweile wird zwar weniger feudal gebaut, aber Wohnungen in Straßen mit Namen wie ›Schöne Aussicht‹ oder ›Bellevue‹ sind dennoch kaum unter 8000 Euro pro Quadratmeter zu bekommen. Wer diese Stadtlandschaft erkunden will, sollte ein Kanu mieten. Vom Wasser aus, auf der Außenalster und in den stillen Kanälen, ist die Pracht dieser Wohnviertel am besten zu spüren.

PÖSELDORF UND ALSTERSEE Schwer vorstellbar: In dem Nobelquartier am Alstervorland pöselten einst die Pächter des Klosters St. Johannis mühselig in ihren Gärtchen. Heute hat man andere Sorgen: Wohin nur mit dem Porsche in den zugeparkten Sträßchen? Spätestens seit sich Jil Sander 1968 hier niederließ, gehört das Quartier den Schönen und Reichen. Auf den wenigen Metern der Milchstraße gibt es alles, was das Image pflegt. Das Viertel trifft sich auf dem Wochenmarkt am Turmweg, im Alstercafé Cliff oder in Pius' Weinwirtschaft. Zu Fuß

DIE AUSSENALSTER ist ein Segelrevier mitten in der Stadt. Aber eines, das es wegen plötzlicher Windböen in sich hat. Besser man lernt es gleich richtig, beim Segelkurs für Kinder in Optimisten-Jollen.

sollte man gehen, unbedingt! Von Pöseldorf hinunter zum Alstervorland, über großzügige Rasenflächen, vorbei an alten Bäumen, über Brückchen und breite Sandwege. Selbst an einem Sonntagnachmittag, wenn hier halb Hamburg flaniert, joggt oder skatet, strahlen Park und Außenalster großzügige Eleganz aus. Einen Spaziergang lang ist die Welt in Ordnung. Bei schönem Wetter wird es eng auf dem großstädtischen Stausee. Da üben sich Schulkinder im Jollensegeln, konkurrieren Katamarane um launigen Wind, und pfeilschnelle Achter mit Steuermann flitzen vorbei. Doch alle, ob Segler, Kanuten oder Ruderer, müssen den behäbigen Alsterdampfern ausweichen. Denn die Berufsschifffahrt hat immer Vorfahrt.

DIE GROSSBÜRGERLICHE ECKE In Winterhude ist bestens zu erkennen, wie sehr die Alster die Stadtentwicklung geprägt hat. Je weiter von Fluss und See entfernt, umso schlichter die Bauten: erst großbürgerliche Villen und Stadthäuser, dann verspielte gründerzeitliche Etagenhäuser und zum Schluss, Richtung Barmbek, Industrie und Arbeiterquartiere. Hier beginnt der Osten der Stadt, den viele ›Westler‹ nur besuchen, um auf Kampnagel experimentelles Theater zu sehen. Eppendorf ist aus Hamburgs ältestem Dorf hervorgegangen. Wer hier wohnt, tut dies meist schon lange, zog vielleicht hierher, als die Mieten noch billiger und die Nächte noch länger waren. Als das Onkel Pö noch lebte und Udo Lindenberg noch jung war. Die Zeiten sind vorbei, und heute leben hier Leute, die zu den Gründerzeithäusern mit tadellos restaurierten Fassaden passen. In dem einstigen Szeneviertel ist mehr Jugendstil als Jugend zu finden. Viel Schick, Bistros und Boutiquen, aber auch viel Grün, Alleen mit ausladenden Kastanien und kleine Parks.

ST. GEORG UND DIE GANZE WELT Dieser Stadtteil ist das Schmuddelkind an der noblen Alster. Der Stadtteil zwischen Hauptbahnhof und dem Straßenzug An der Alster, der im Mittelalter Leprakranke beherbergte, ist der einzige Flecken an der Außenalster, der sich dem Schöner-Wohnen-Motto – bis jetzt noch – verweigert. St. Georg ist ein Brennglas, das die Welt auf den Punkt bringt. Stärkere Kontraste auf engem Raum lassen sich kaum finden: Drogenelend am Hansaplatz und Luxus im Hotel Atlantic, Schauspielhaus am Rande des Viertels und Kebabbuden, nietengespickte Lederbodys und lächelnde Buddhastatuen. Hauptschlagader ist die Lange Reihe. Auf 800 Metern präsentiert sie einen bunten Mix aus türkischen Imbissen, indischem Supermarkt, tibetanischen Läden, portugiesischen Cafés, persischen Konditoreien, italienischen Restaurants, In- und Eckkneipen und Designershops.

NOCH MEHR THEATER UND KULTUR Konkurrenz belebt bekanntlich die Szene: Neben dem zentraler gelegenen Schauspielhaus

MAN KANN ES AHNEN: Hier ist die Welt zu Gast. Das Hotel Atlantic an der Außenalster hat schon viel Prominenz gesehen, Staatsgäste und Rockstars. Auch James Bond hat seine Fassade erklettert.

und Thalia Theater ist die Kampnagelfabrik in Barmbek die Dritte im Bunde der städtischen Theater: Sie hat sich als Spielstätte für internationale Gastspiele, freie Theatergruppen und außerdem für Tanzperformances einen Namen gemacht. Und da sind außerdem die Kammerspiele im Universitätsviertel, die über 40 Jahre von Ida Ehre geprägt wurden und in den letzten Jahren durch Axel Schneider neuen Schwung bekommen haben. Museumsmuffeln sei der Museumshafen in Neumühlen empfohlen. Hier, wo alte Schiffe dümpeln, gibt es schlichtes Flaschenbier aus der Kiste auf einem gerade zu Besuch eingelaufenen Eisbrecher oder Bockwurst an Deck der als Hafenfähre pensionierten Bergedorf.

DER WILDE WESTEN Ein Teil der Drogenszene ist dem Druck der Obrigkeit gewichen: zu Vorort-Bahnhöfen oder ins westlich des Schlachthofs gelegene Schanzenviertel, das eine vergleichbare Multikulti-Mischung beherbergt wie St. Georg. Und auch hier die gleiche Tendenz: Neben bröckelnden Fassaden und Billigläden ziehen Boutiquen, Weinläden und Medienfirmen ein. Das Schulterblatt, die breite Straße im Herzen des Viertels, ist für 1,5 Millionen Euro zur Piazza umgebaut worden, und sogar der alteingesessene Imbiss Pamukkale wartete über Nacht mit gläserner Front und Wischtechnik an den Wänden auf. Doch was auch immer passiert: Die Rote Flora steht wie eine Burg. Das Veranstaltungszentrum droht eher aus Altersschwäche zu zerbröckeln, als der Yuppisierung zu weichen. Und dem Druck der Politiker schon gar nicht – das ehemalige Varietétheater ist seit 1989 fest in der Hand der Alternativ- und Anarchoszene.

HAMBURGS SCHÖNSTER BALKON Auch das quirlige Ottensen hat auf diese Weise die Quadratur des Kreises geschafft: großstädtische Vielfalt und kleinstädtische Gemütlichkeit. Auf engstem Raum, Ottensen ist wirklich eng, lebt hier jeder nach seinen Vorstellungen. Die größte Gefahr drohte dem kleinen Stadtteil in den 1970er-Jahren, da sollte er saniert werden. Zu schmal waren die Gassen, baufällig die niedrigen Arbeiterhäuschen. Doch die Modernisierung erfolgte in Maßen. Noch heute sind die Straßen so verwinkelt, dass Fremde schnell die Orientierung verlieren. Erst zur Elbchaussee hin werden die Straßen wieder breiter. Die Parkanlage südlich des Altonaer Bahnhofs schuf Platz für das Rathaus, ein schneeweißer Prachtbau. Von hier aus sind es nur ein paar Schritte zum Altonaer Balkon, wo der Blick endgültig weit wird: Die Stadt im Rücken steht man hoch über der Elbe, und die Aussicht über den Hafen nimmt kein Ende.

IM SCHANZEN- UND IM KAROLINENVIERTEL ist die junge kreative Szene zu Hause. Modemacher(innen) schneidern im Hinterzimmer ihres kleinen Showrooms, Schmuckwerkstätten kreieren moderne Designs. In Studios um die Ecke nehmen Musiker neue Songs auf. Abends strömen Besucher aus ganz Hamburg in die Cafés und Bars des Quartiers, in dem auch die Rote Flora ihren Platz hat.

EILBEK

IDYLLE AM WASSER

Von der Alster aus durchziehen zahlreiche Kanäle Uhlenhorst, Winterhude, Barmbek und Eppendorf. Im Sommer herrscht reger Schiffsverkehr von Alsterdampfern, Kanus und Tretbooten.

GER
2135
THIS SIDE UP

KAPERFAHRT

Beim Anleger am Restaurant Bobby Reich haben zahlreiche Segler festgemacht. Von seiner Terrasse ganz im Norden der Außenalster geht der Blick bis zu den Kirchtürmen der Innenstadt.

OBEN | DER STADTTEIL EPPENDORF gehört zwischen Eppendorfer Landstraße und dem Alsterlauf im Osten zu den schicksten und teuersten Wohnquartieren. Besonders begehrt sind die Grundstücke direkt am Wasser. LINKS | DIE ZAHLREICHEN VILLEN in Eppendorf sind in ganz unterschiedlichen Baustilen errichtet – von Reformarchitektur bis Heimat- oder Jugendstil oder, wie hier, einer Mischung aus vielen Stilen.

ALLES FRISCH

Der Isemarkt von Eppendorf mit mehr als 180 Ständen unter dem Hochbahnviadukt ist der schönste der Stadt. Dass er eigentlich bereits im benachbarten Harvestehude liegt, stört hier keinen.

J
30 PFG. WAPPENKLASSE
KAFFEE
SCH
Wunderbar
VOX
Kaffee
SAROTTI-MOHR
DER SAROTTI-MOHR
Sarotti
Verkaufstresen
von 1952

OBEN | AN CAFÉS UND RESTAURANTS besteht in Eppendorf und dem benachbarten Hoheluft kein Mangel. Und ein Anlass für einen Plausch bei einem Ristretto oder Longo ist auch schnell gefunden. LINKS | KAFFEE-NOSTALGIE PUR im Kaffeemuseum Burg. Vom Sarotti-Mohr bis zur Sammlung von Handkaffeemühlen ist alles vertreten. Die zweistündige Führung reicht kaum aus, um alle Schätze zu sehen.

DAS 90 JAHRE ALTE, DENKMALGESCHÜTZTE HOLTHUSENBAD ist von einer schlichten städtischen Badeanstalt zum Badetempel mutiert, mit Candlelight-Thermen und einer Saunalandschaft mit fünf verschiedenen Saunen. Diese haben jeden zweiten Samstag bis 2 Uhr nachts geöffnet. Wer das Bad besuchen will, sollte besser nach dem Kellinghusenbad fragen, denn so nennt es hier jeder.

BODOS BOOTSSTEG ragt vom Stadtteil Rotherbaum aus in die Außenalster, im Sommer mit kleiner Gastronomie. Der Stadtteil mit Villen und großbürgerlicher Bebauung war bis zur Deportation 1941 ein lebendiges jüdisches Viertel. Mit Dutzenden von Gebäuden hat die Universität hier ihren Sitz. Die Staats- und Universitätsbibliothek ist nach Carl von Ossietzky benannt.

DAS KAROLINENVIERTEL liegt wie eine Insel begrenzt von Messe, Heiligengeistfeld und Schlachthof. Mit dem Schanzenviertel ist es über die Gebäude des ehemaligen Schlachthofes verbunden. Entlang der Marktstraße im Karoviertel präsentieren junge Modelabel ihre Kreationen.

DESIGNERMODE MAL ANDERS: Wem es gefällt, der kann seine Meinung auf ein T-Shirt gedruckt zur Schau tragen. Bei Maegde und Knechte gibt es inzwischen nicht nur Kleidungsstücke mit Sprüchen drauf, auch Gläser, Kerzen und Kissen sind zu haben.

GALÃO AUF DER PIAZZA

Auf der Piazza wird in zahlreichen portugiesischen Restaurants und Cafés mehr Galão – portugiesischer Milchkaffee – ausgeschenkt, als irgendwo sonst in Hamburg. Die Rote Flora, Zentrum der Autonomen, liegt auf der anderen Straßenseite.

HOLSTEN
REINGOLD
Queen

COFFEE
BALZAC COFFEE
FINEST ESPRESSO SPECIALTIES

KAFFEERÖSTEREIEN

EINST KULTUR, HEUTE KULT

KUCHEN GIBT'S HIER NICHT ZUM KAFFEE: Kaffeeprüfer testen ihre Geschmacksknospen. Die Kaffeerösterei der Speicherstadt schließt an die Tradition der einst zahlreichen Röstereien Hamburgs an und schenkt im eigenen Café aus. Für Muffins geht es in den Balzac Coffee Shop.

WAS VOR RUND 1000 JAHREN von abessinischen Hirten entdeckt worden sein soll, gelangte im 16. Jahrhundert über Konstantinopel nach Europa. Von dort war es für den ›Türkentrank‹ nur noch ein Katzensprung nach Wien und ins restliche Europa. Berlin, Bremen, München – viele Städte in Deutschland reklamieren den Titel einer deutschen Kaffeemetropole für sich. Doch wer allein die Zahl von Cafés, Kaffeebars und Coffee-Houses addiert, bleibt nur an der Oberfläche. Zwar hat Mitteleuropa für die Zucht von Kaffeesträuchern nicht das Klima, die Bohnen müssen importiert werden. Aber schließlich ist roher Kaffee nicht für den Genuss geeignet, erst die fachgerechte Röstung macht aus der graugrünen oder gelben Bohne den aromatisch duftenden Grundstoff für eine verführerisch duftende Tasse Kaffee. Seit weit mehr als 100 Jahren ist Hamburg wichtigster europäischer Hafen für Importe aus aller Herren Länder. In einem Zeitungsbericht von 1904 heißt es: »Hamburg ist eben der größte

Kaffeemarkt der Alten Welt.« Exklusiver Kaffee von den Blue Mountains der Karibikinsel Jamaika, ostafrikanischer Hochlandkaffee oder Robusta-Sorten aus Vietnam werden im Hafen umgeschlagen. Und Kaffeelagerei nennen sich die Silos im Hafen bis heute, genauso wie früher die Speicher, in denen Schauerleute die Kaffeesäcke stapelten.

BLICK HINTER DIE (ALTEN) KULISSEN In den modernen, klimatisierten Kaffeelagern werden keine Besichtigungstouren angeboten, aber in der historischen Speicherstadt gibt es eine interessante Niederlassung des Museums der Arbeit. In einer Ecke stapeln sich Kaffeesäcke unter schweren Eichendecken, Kaffee wird gewogen und verpackt. Nicht weit entfernt demonstriert die kleine traditionelle Speicherstadt Kaffeerösterei die gekonnte Röstung und schenkt das dampfende Endprodukt im gemütlichen Café aus. In Hamburg produzieren drei Dutzend Röstereien Kaffee zum Verkauf oder für die großen Discounter.

COFFEE TO GO Doch auch bei der Kaffeehaus-Kultur muss sich Hamburg nicht verstecken. Die großen italienischen Marken sind in Hamburg mit eigenen Cafés präsent, natürlich das bekannteste amerikanische Unternehmen Starbucks, regionale Ketten wie Balzac und Dutzende kleiner gemütlicher Kaffeehäuser, in denen Latte Macchiato oder Galão serviert werden. Dem Deutschen Kaffeeverband, Sitz natürlich in Hamburg, ist dabei um die Zukunft nicht bange. Schließlich wächst der Kaffeekonsum der Deutschen seit Jahren. Und Kaffee mit seinen vielen Röst- und Zubereitungsvarianten entwickelt sich auch in Hamburg immer mehr vom morgendlichen Aufmunterer zum trendigen Begleiter durch den Tag. So ist die Hansestadt auch ein bedeutender Absatzmarkt.

Kein Wunder, in der Elbemetropole blickt man auf eine rund 330 Jahre alte Tradition zurück. In Hamburg begrüßte schon 1677 das erste Kaffeehaus seine Gäste. Erstes in Deutschland war es damit nicht, dieser Titel gebührt Bremen dank der verbürgten Jahreszahl 1673.

ADRESSE & INTERNET

Kaffeemuseum Burg Rund 900 Kaffeemühlen, rohe und geröstete Bohnensorten, Accessoires zum Kaffee und seinen Genuss, Informationen zu Anbau, Verarbeitung und Zubereitung hat das Museum zu bieten (Münsterstraße 23, Eppendorf, www.kaffeemuseum-burg.de).

DER ROHKAFFEE
ist in den rot gereiften Steinfrüchten verborgen, die an den Kaffeesträuchern wachsen. Diese gedeihen im warmen Klima tropischer Regionen der Erde, in 600 bis 1200 Metern Höhe und bei ausreichenden Niederschlägen.

DAS GEHÖRT
zur Kunstfertigkeit der Barista, der Barkeeper an der Kaffeemaschine. Die Crema gibt den letzten Kick beim Espresso, und zu den Meistern gehört, wer den Milchschaum beim Cappuccino mit kunstvollen Figuren verziert.

KAFFEEBARS
wie das Elbgold in Winterhude liegen im Trend, den ganzen Tag. Hier gibt es morgens ein frisches Croissant zum Cappuccino, mittags einen Wrap zum Espresso und nachmittags ein Stückchen Apfeltart zum Latte Macchiato.

BEIM ESPRESSO
wird heißes Wasser unter hohem Druck durch fein gemahlenen und dunkel gerösteten Kaffee gepresst. Der hoch konzentrierte Ristretto wird mit noch weniger Wasser zubereitet. Der Caffè Macchiato bekommt eine Sahnehaube.

DAMIT AUS STEINFRÜCHTEN
am Kaffeestrauch ein Espresso oder Galão wird, müssen Fruchtfleisch und Häutchen sorgsam entfernt, dann die Kaffeebohnen verlesen werden. Unterschiedliche Rösttemperatur und -dauer beeinflussen den Geschmack.

IN KLEINEN RÖSTEREIEN
wie bei Jens Burg werden Kaffeebohnen aus vielen Ländern behutsam geröstet. So entstehen zwei Dutzend Kaffeesorten, vom Hawaii-Kona und äthiopischen Wildkaffee bis zum handverlesenen Blue Mountain aus Jamaika.

ERHOLUNG UND AUSFLÜGE

Hamburg ist groß – 755 Quadratkilometer –, und Hamburg ist grün: Ein Fünftel der Fläche ist Landschaftsschutzgebiet, und es gibt fast 30 Naturschutzgebiete. Warum also in die Ferne schweifen, wenn Alsterwanderweg und Elbvororte, Stadt- und Tierpark und selbst der große Parkfriedhof in Ohlsdorf genug Wald und Wiesen bieten, um sich zu erholen? Doch wer Zeit hat und ins Umland fährt, kommt der Natur noch näher: etwa im herrlichen Sachsenwald der Bismarcks oder bei einem Ausflug ins Alte Land.

DER HIRSCHPARK mit seiner alten Lindenallee in Blankenese ist ein Juwel unter den Grünanlagen der Hansestadt. Er war früher als private Gartenanlage im Besitz eines Hamburger Kaufmanns.

UNTER ALTEN LINDEN und Eichen kann man im Ausflugslokal der Süllbergterrassen in Blankenese genüsslich entspannen und den Ausblick auf die nahe Elbe genießen.

DAS GRÜN LIEGT UM DIE ECKE

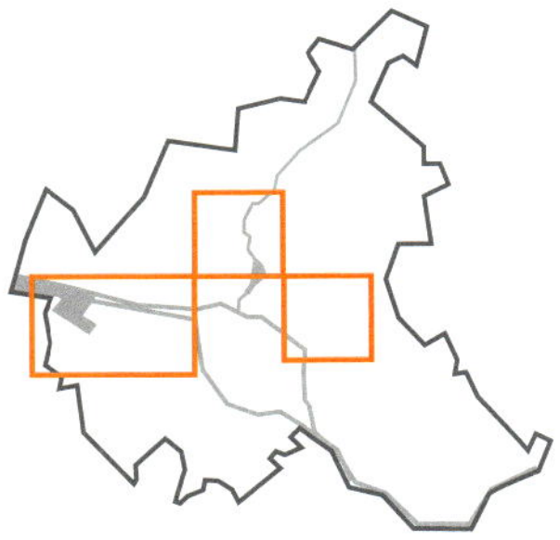

Ein Sonntag im Sommer, die Luft ist wohlig warm – und halb Hamburg scheint auf der A1 zu stecken. Im Stau auf der Autobahn, in den all die geraten sind, die an die Ostsee wollen. Warum nur, denkt mancher, sind wir nicht mit dem Fahrrad in den Stadtpark gefahren, sind nicht mal wieder nach Planten un Blomen gegangen oder zu Hagenbeck?
Hamburgs Naherholungsgebiete sind so nah, dass man sie glatt übersehen kann. Planten un Blomen zum Beispiel, nur eine S-Bahn-Station vom Hauptbahnhof entfernt. Zugegeben, hier kann es voll werden, und die Natur ist in ordentliche Bahnen gestutzt. Aber dafür ist der Spielplatz umso origineller, sorgen Troparium und Teezeremonie für Exotik. Weitläufiger ist da der Stadtpark in Winterhude. Anfang des 20. Jahrhunderts wollte Hamburgs rühriger Oberbaudirektor Fritz Schumacher aus dem ehemaligen Gehölz ein ›Freiluft-Volkshaus‹ machen – und es ist ihm gelungen. Noch heute strömt das Volk in den Park: ins Freibad, zur sommerlichen Rhododendronblüte oder nur auf die riesige Spielwiese. Einer der wenigen Schumacher-Bauten, die den Zweiten Weltkrieg überstanden haben, ist das Landhaus Walter von 1912. Wohl ganz im Sinne des Erfinders gibt es hier Hamburgs größten Biergarten.

UNGEWÖHNLICHE LANDSCHAFTEN Noch eine Volksbelustigung hat den Zeitenwandel überstanden: Hagenbecks Tierpark, weltgrößter privater Zoo und vielseitige Parkanlage zugleich. 1848 hatte Fischhändler Gottfried Clas Hagenbeck auf St. Pauli ein paar Seehunde im Waschzuber vorgeführt. Das Volk staunte und zahlte, und so kam er auf die Idee, sich von Seeleuten weitere exoti-

PARKLANDSCHAFTEN WOHIN MAN BLICKT

sche Tiere mitbringen zu lassen. Sein Sohn Carl eröffnete 1907 den Tierpark in Stellingen, nachdem er sich 1896 die erste gitterlose Freianlage hatte patentieren lassen, die mittlerweile weltweit nachgeahmt wird. Carl Hagenbeck liegt auf dem Ohlsdorfer Friedhof begraben. Die Hamburger sind stolz auf ihren schönen Friedhof. Doch anders als etwa in Paris kommt man nicht, um Grabmäler berühmter Verblichener zu besichtigen; dafür ist der Friedhof viel zu groß. Ohlsdorf ist – trotz zweier Buslinien – eine stille Parklandschaft, ein ›Gesamtkunstwerk Friedhof‹, das wie kein anderer Ort in der Stadt Ruhe verspricht.

ALSTERTAL UND WALDDÖRFER Träumen, Trödeln oder einfach nur mal die Stadt vergessen – dafür hat Hamburg viele Orte. Und kaum ein Einheimischer kennt auch nur die Hälfte. Auch die Alster hört für die meisten jenseits der Außenalster auf. Dabei schlängelt sich das Flüsschen 54 Kilometer gen Norden, bis zu seiner Quelle im Henstedter Moor. Der Alsterwanderweg verläuft zum Teil auf den alten Treidelpfaden. Hier zogen die Händler mühselig ihre beladenen Schuten den Fluss hoch. Zunächst geht es noch auf ordentlichen Wegen, dann immer mehr über Stock und Stein und Wurzelwerk. Einen Tag lang kann man sich so ein Stück Hamburg erwandern – und dann mit der S-Bahn zurückfahren. Hamburgs Norden hat so viel Grün, dass ein ganzer Ortsamtsbezirk passenderweise Walddörfer genannt wird. Noch heute gibt es hier Bauernhäuser, Felder, Wiesen und Wälder – aber auch Golfplätze und Villengegenden. So wird vor allem im Volksdorfer Freilichtmuseum die ländliche Vergangenheit der Region hochgehalten.

AUF DER ELBE NACH BLANKENESE Das ist wohl der schönste – und bequemste – Ausflug, den die Hansestadt zu bieten hat: mit dem Schiff von den Landungsbrücken bis nach Blankenese. Oben an Deck, die Türme der Stadt im Rücken, den Blick nach vorne auf den immer breiter werdenden Strom. Vorbei an den Puppenhäuschen von Övelgönne, an den Seglern des Museumshafens, links die Kräne der Containerterminals und das Gelände der Airbus Flugzeugwerke, rechts immer wieder ein Blick auf die Villen an der Elbchaussee. Von hier aus, vom Wasser, ist die Pracht von Hamburgs Nobelstraße zu erahnen. Begibt man sich dagegen

OBEN | DER 23 KILOMETER LANGE ELBUFERWEG von Schulau bis zu den Landungsbrücken führt auch an den alten Lotsen- und Kapitänshäusern von Övelgönne vorbei, die auf einem schmalen Streifen zwischen Elbe und Hang erbaut wurden. UNTEN | AUF DEN GROSSEN STROM und den regen Schiffsverkehr der Elbe hat man den besten Blick vom Süllberg in Blankenese. Unterhalb des dekorativen Hügels duckt sich das Treppenviertel am Elbhang.

DAS BERGEDORFER SCHLOSS, das einzige im republikanischen Hamburg, diente einst den Herzögen von Sachsen-Lauenburg als Residenz. Die vierflügelige, in verschiedenen Baustilen errichtete Anlage ist von einem Wassergraben und einem schönen Park umgeben und beherbergt heute ein Museum zur Stadtgeschichte.

HARBURG UND BERGEDORF – STADTBEZIRKE MIT EIGENEM CHARAKTER

mit dem Auto auf die »schönste Straße der Welt« – so der Dichter Detlev von Liliencron –, ist Enttäuschung nicht ausgeschlossen. Die Landhäuser der alteingesessenen hanseatischen Oberschicht sind meist so in ihren Parks versteckt, dass nur wenige zu sehen sind. Und dann endlich Blankenese: weißer Strand, Cafés am Elbufer, ein Leuchtturm, Segelboote und über allem der steil ansteigende Hang mit seinen weißgestrichenen Häuschen, mit stattlichen Villen und reetgedeckten Fischerkaten, mit Treppen und winkligen Gassen, die aber für Autos zu eng und für Radfahrer zu anstrengend sind. Wo einst Fischer, Elblotsen und Seeleute lebten, erstreckt sich heute eines der schönsten und teuersten Viertel der Stadt.

BEIDERSEITS DER ELBE Was für das Alte Land mit Kirschen und Äpfeln das Obst ist, das sind für die Vier- und Marschlande Gemüse und Blumen. Auch hier erzählen bunt und üppig ausgestattete Kirchen und typisch niederdeutsche Hallenhäuser von dem einstigen Wohlstand der ›Grünhöker‹. Mittlerweile ist das fruchtbare, von Kanälen durchzogene Elbland Deutschlands größter Produzent von Schnittblumen. Die Vier- und Marschlande zählen zum Kreis Bergedorf. Das Städtchen an der Bille gehört seit 1867 zwar zu Hamburg, aber die Bergedorfer haben sich trotzdem ihre eigene Identität bewahrt. Wenn sie in die Innenstadt müssen, so fahren sie ›nach Hamburg rein‹. Und auch die Hamburger kommen selten in ihr hübsches Trabantenstädtchen. Statt in die Bergedorfer Altstadt geht es lieber in den Sachsenwald, jenen urwüchsigen Wald, den Kaiser Wilhelm I. 1871 seinem Eisernen Kanzler schenkte. Auch Harburg, südlich der Elbe, ist für viele Städter unbekanntes Land. Und so haben die meisten Hamburger kaum bemerkt, dass mit dem Channel Harburg bereits eine Art HafenCity entstanden ist: Hightech-Bürohäuser zwischen alten Getreidespeichern und Kaianlagen. Harburg wird meist – auf der Autobahn A7 – links liegen gelassen, um in die Lüneburger Heide oder den Wildpark Schwarze Berge zu fahren. Und auf dem Rückweg nach Hamburg, während die Kleinen von Kutschfahrten, Heidschnucken und Hängebauchschweinen schwärmen, hoffen die Eltern, dass ihnen der Stau im Elbtunnel erspart bleibt – anderenfalls wird am nächsten Sonntag doch lieber in den Stadtpark geradelt.

HAMBURGS SANDKISTE

Ausgelassene Stimmung am Elbstrand. Seitdem der Fluss wieder sauberer geworden ist, trauen sich Lachs, Stint und Flunder wieder in die Elbe. Und es wird sogar vereinzelt gebadet. Der Strand bei Övelgönne ist ein großer Abenteuerspielplatz. Beliebt zum Sonnenbaden, Grillen und Volleyballspielen.

OBEN | DAS FREILICHTMUSEUM KIEKEBERG im Naturpark Schwarze Berge ist wie ein altes Dorf – mit Bauernhäusern, historischen Gärten, Ställen und vielen Tieren. UNTEN | BEI DER BUNTHÄUSER SPITZE teilt sich die Elbe in einen Süd- und einen Nordarm. Sie umfassen die eingedeichte Elbinsel Wilhelmsburg, wo Schafherden weiden. LINKS | EIN TRAUM IN WEISS – das von schlanken Türmen gerahmte Renaissanceschloss mit anmutigen Giebeln liegt gleich hinter der Stadtgrenze in Ahrensburg. Hier lebte einst Peter Rantzau, Berater des dänischen Königs.

KAUFMANNSPALÄSTE

Das klassizistische Herrenhaus im Jenischpark ist wohl eine der beeindruckendsten Kaufmannsvillen entlang der Elbchaussee. Heute beherbergt das Gebäude ein Museum für großbürgerliche Wohnkultur. Der im englischen Naturstil angelegte Park ist vor allem an Wochenenden ein beliebtes Ausflugsziel.

GEH'N WIR MAL ZU HAGENBECK

In Hamburg geht man nicht in den Zoo, sondern »zu Hagenbeck«. Der private Zoo war 1907 der erste gitterlose Tierpark der Welt, in dem die Tiere in naturähnlichen Panoramen zu bestaunen waren. Besonders beliebt sind die Dschungelnächte, mit Musik und Show vor der nächtlichen Zookulisse.

DUMONT EXTRA

OBSTBLÜTE IM ALTEN LAND

EIN TRAUM IN WEISS

IN DEN ALTLÄNDER KAFFEEGÄRTEN am Elb- oder Estedeich lockt bei warmen Temperaturen und Sonnenschein der Duft von frisch gebrühtem Kaffee und selbst gebackenem Blechkuchen, auch auf der Terrasse der Holländer Windmühle Aurora bei Jork.

WAS JAHRHUNDERTE ganz unsentimental als alljährliches Stadium des Obstbaus gesehen wurde, hat sich in den letzten Jahrzehnten zu einer touristischen Attraktion ausgewachsen, die ihresgleichen sucht: Die Sonne scheint, es wird wärmer, der Frühling ist endgültig da. Und die schönsten Blüten blühen an den Bäumen. So scheint es jedenfalls vielen Ausflüglern, die im Mai zu Fuß oder mit dem Fahrrad über Feldwege durch die Obstplantagen des Alten Landes streifen. Über Nacht sind die Kirschblüten aufgegangen. Ein ganz feiner Duft erfüllt die Luft. Das weiße Blütenmeer, ein geradezu überirdischer Anblick, lockt jedes Frühjahr Tausende Bewunderer aus ganz Deutschland und den Nachbarländern an die Elbe. Auf fruchtbarem Marschland zwischen Hamburg und Stade erstreckt sich auf 170 Quadratkilometern das größte geschlossene Obstanbaugebiet Deutschlands und Nordeuropas. Kirschen gedeihen hier, Äpfel, Birnen, Pflaumen und Zwetschgen. Entlang dem Obstmarschenweg zwischen Hamburg-Moorburg und Stade kultivieren 500 Obstbauern auf rund 600 Hektar Süßkirschen. Die blühen als erste, gut drei Wochen später folgen die Apfelbäume. Insgesamt acht Millionen Obstbäume tauchen die Landschaft für Wochen in ein Meer von Blüten. Der erste Obsthof der Region ist schon für das 13. Jahrhundert nachgewiesen. Um 1140 hatte der zuständige Erzbischof aus Bremen Deichbauexperten aus Holland angeheuert, um die ständige Überflutung des Landes zu verhindern. Sie errichteten entlang der Elbe Dämme und zogen dahinter Entwässerungsgräben Auch wenn manche Sturmflut im Laufe der Jahrhunderte diese Dämme niederriss, waren doch damit die Voraussetzungen geschaffen, den tief gelegenen Boden für die Landwirtschaft zu nutzen. Heute beliefern die hiesigen Obstbauern die Großmärkte Norddeutschlands, und über die Handelsketten findet sich Altländer Obst in den Ladenregalen überall in Deutschland, sogar in Skandinavien und Russland.

Damit im Mai die Obstblüten die vielen Tausend Besucher verzaubern und im Sommer pralle süße Kirschen an den Bäumen hängen, müssen Erfahrung, harte Arbeit und etwas Glück zusammenkommen. Die Obstbauern fürchten bis zuletzt späte Fröste, die aufgehende Blüten und damit die Ernte empfindlich schädigen können. Kurz bevor sich die Blüten entfalten, reisen Imker aus ganz Norddeutschland an, mit 4000 Bienenvölkern im Gepäck. Gut 120 Millionen Bienen sollen auf ihrem mehrwöchigen Arbeitsurlaub mit sprichwörtlichem Fleiß die Obstblüten besuchen, um sie zu bestäuben. Je nach Wetterlage dauert es noch zwei bis acht Tage, und das bestäubte Obst ist befruchtet. Auch wenn das Schauspiel der Kirschblüte jedes Jahr wiederkehrt, verlangsamen sogar Berufspendler auf dem Obstmarschenweg hinterm Deich morgens ihre Fahrt. Zum Wochenende kommen Tagesausflügler aus Hamburg und Besucher von weither, schlendern oder radeln durch die Traumszenerie dieses xNaturschauspiels, das hier und da von den prächtigen Höfen der Obstbauern unterbrochen wird – und von Dorfkirchen im Altländer Barock mit blauem Gewölbehimmel und Goldblechsternen und einigen kostbaren Arp-Schnitger-Orgeln.

ADRESSEN & INTERNET

Tourismusverband Landkreis Stade / Elbe Kirchenstieg 30, 21720 Grünendeich, www.tourismusverband-stade.de
Blütenbarometer Altes Land Tourismusinformation Altes Land / Jork, www.bluetenbarometer.de

IN HAMBURG-FINKENWERDER, am Südufer der Elbe, erstreckt sich das Werkgelände von Airbus, mit Landebahn, Montagehallen und Büros. Hier arbeiten über 10 000 Beschäftigte an der Endmontage verschiedener Airbus-Flugzeugmodelle.

HOLLÄNDISCHE DEICHBAUER haben einst Gräben gezogen und Deiche errichtet. Ihre Handschrift zeigt sich auch an Brücken, wie bei der Hogendiekbrücke bei Steinkirchen, die über die Lühe, ein Nebenflüsschen der Elbe, führt.

IM MAI WIRD DAS ALTE LAND zu einem riesigen blühenden Obstgarten. Das unendlich scheinende weiß-rosa Blütenmeer ist geradezu von märchenhafter Schönheit. Rad- und Fußwege führen durch die Landschaft.

ZU DEN TRADITIONSADRESSEN im Alten Land gehört Windmöller, mit Kaffeegarten, Restaurant und kleinem Hotelbetrieb. Wer nach der Adresse fragt, hört nur »achter de Kark«, also gleich hinter der schönen Kirche in Steinkirchen.

IM HERBST dreht sich im Alten Land alles um Äpfel. Rund 200 000 Stück werden in den zahlreichen Obstgärten pro Jahr von Hand gepflückt.

MIT OBST ließ sich auch früher gutes Geld verdienen. Das zeigen prächtige Fachwerkhäuser der Obstbauern mit Prunkpforten an den Hofeingängen.

HAMBURG AUF EINEN BLICK

SEHENSWERTES VON A BIS Z | WISSENSWERTES

DUMONT KARTE

ALT- UND NEUSTADT

ALTSTADT Als Altstadt wird heute der Bereich zwischen Binnenalster, Hauptbahnhof, Speicherstadt und Herrengraben- / Bleichenfleet bezeichnet. Sie schließt auch die Ende des 12. Jahrhunderts von Adolf III. von Schauenburg in Konkurrenz zur erzbischöflichen Stadt gegründete ›gräfliche Neustadt‹ um St. Nikolai ein. Am beide trennenden Nikolaifleet hat der Hamburger Hafen seinen Ursprung. Hier mündete das Flüsschen Bille in die Alster, die ihrerseits der Elbe zufloss. Möglich wurde die Hafengründung durch einen Freibrief Kaiser Friedrichs I. Barbarossa vom 7. Mai 1189. Der Brief ist eine Fälschung – was die Stadt jedoch nicht daran hindert, alljährlich im Mai den Hafengeburtstag zu feiern.

SEHENSWERT In der **Deichstraße** begann 1842 der Große Brand, und doch sind in diesem Sträßchen dank eines rührigen Vereins noch schöne Fassaden aus dem 17. und 18. Jahrhundert erhalten. Die Kneipe Zum Brandanfang gilt als älteste Hamburgs. Auch im parallel verlaufenden **Cremon** und in der **Reimerstwiete** sind noch alte Fachwerkhäuser zu sehen. Die Kirche **St. Katharinen**, im 13. Jahrhundert gegründet, hatte um 1450 ihre heutige Größe erreicht. Sie musste nach 1945 fast völlig neu errichtet werden.

Jenseits des Nikolaifleets reckt sich ein schwärzlicher Kirchturm in die Höhe, das **Mahnmal St. Nikolai**. Eine erste Kapelle stand hier schon 1195. Die ihr folgende dreischiffige Hallenkirche fiel dem Bombenhagel zum Opfer. Nur der Turm blieb, und man beschloss, den immer noch dritthöchsten Kirchturm Deutschlands als Mahnmal für den Frieden stehen zu lassen. Nebenan führt die **Trostbrücke** über das Nikolaifleet, die erste Verbindung zwischen Alt- und Neustadt. Flankiert wird sie von den Kontorhäusern **Laeiszhof** (1898) und **Globushof** (1907), auf dessen Dach zwei Koggen glänzen, sowie der **Patriotischen Gesellschaft** (1844 bis 1847), die gotisierend restauratives Gedankengut spiegelt. Seit 1883 erinnern Brückenfiguren an Ansgar, den Apostel des Nordens, und an den schauenburgischen Stadtgründer.

Ein Rundgang von der Renaissance bis zur Gegenwart ermöglichen die **Hamburger Kunsthalle** und die dazugehörige **Galerie der Gegenwart** (1997). Schwerpunkte bilden deutsche Maler des 19. Jahrhunderts und Kunst aus dem frühen 20. Jahrhundert wie Caspar David Friedrich, Emil Nolde, Max Beckmann, Oskar Kokoschka und Paul Klee. Alfred Lichtwark, ab 1886 erster Direktor der Kunsthalle, begründete das Renommee der Sammlung durch Wiederentdeckung der Hamburger Maler Meister Bertram und Meister Francke. Der Erweiterungsbau Galerie der Gegenwart widmet sich der zeitgenössischen Kunst seit 1960. Im Neubau am Glockengießerwall entstand ein Museum für den Hamburger Künstler Horst Janssen (1929–1995).

Die beiden **Deichtorhallen**, ehemalige Markthallen von 1914, wurden in beeindruckende Ausstellungsräume für Gegenwartskunst verwandelt (Sponsor Kurt A. Körber, Architekt Josef Paul Kleihues). Das **Fotozentrum** südlich der Hallen betreut Fotograf und Sammler Prof. F. C. Gundlach als Kurator.

BINNENALSTER Die 18 ha große Binnenalster wird durch die Kennedy- und die Lombardsbrücke von der Außenalster getrennt. Sie entstand beim Bau der Alt- und Neustadt umfassenden ›modernen‹ Befestigungen (1616–1628), die Hamburg zu einer der stärksten Festungen Europas machten.

SEHENSWERT Der **Jungfernstieg**, das Südufer, ist eine der ältesten Straßen Hamburgs und war ursprünglich ein Staudamm zum Betrieb einer Mühle. Seinen Namen erhielt er im 17. Jahrhundert, weil die Damenwelt hier gern promenierte. Heute ist der Jungfernstieg mit den Querstraßen **Neuer Wall** und **Große Bleichen** luxuriöse Einkaufsmeile. Um seinen Boulevardcharakter wieder stärker deutlich zu machen, wurde er zur Alsterseite hin umgebaut. Nordwestlich schließen sich die **Colonnaden** von 1878 mit ihrem Arkadengang an. Die Fassadenpracht der Flanierstraße gibt das bürgerliche Selbstbewusstsein der Gründerzeit wieder. Der nahe **Gänsemarkt** ist einer der zentralen Plätze der Innenstadt; auf ihm wurden im 17. Jahrhundert die Gänse zusammen- und anschließend durch das Dammtor auf die Weide getrieben. Das 1881 erbaute Lessingdenkmal erinnert daran, dass am Gänsemarkt das Nationaltheater stand, in dem Gotthold Ephraim Lessing von 1767 bis 1769 als Dramaturg und Kritiker gearbeitet hatte. Durch elegante Einkaufspassagen wie **Gerhofpassage** und **Hanseviertel** gelangt man zum Rathausmarkt.

MÖNCKEBERGSTRASSE Der nach Bürgermeister J. G. Mönckeberg (1839 – 1908) benannte, 30 m breite Einkaufsboulevard wurde 1908–1911 als Verbindung zwischen Rathaus und Hauptbahnhof durch das ehemalige

KONTORHAUS STUBBENHUK

Gängeviertel gebaut und entwickelte sich mit Kontorhäusern und Ladenetagen zum Herzstück der Geschäftsstadt.

SEHENSWERT Da erstmals in Hamburg eine Kunstkommission den Entwurf der Häuser beeinflusste, entstanden einige sehenswerte Bauten, u. a. das **Hammoniahaus** (Nr. 5), das **Levantehaus** (Nr. 7) und der **Barkhof** (Nr. 8 – 12) – es lohnt, einmal den Blick von den Schaufenstern fort auf die Fassaden zu lenken. Aus einem ehemaligen Pferdemarkt wurde der **Gerhart-Hauptmann-Platz**, von wo es nur ein paar Schritte zum 1843 gegründeten **Thalia Theater** (1911/12) sind. Die Hauptkirche **St. Petri** mit dem spitzen Grünspanturm ist das älteste Gotteshaus der Stadt und geht vermutlich auf eine von Karl dem Großen 810 oder 811 initiierte Taufkirche zurück. Nach dem Großen Brand von 1842 wurde das Gotteshaus aus dem 14./15. Jahrhundert wieder aufgebaut. Benachbart erinnert das **Hulbehaus** (Neorenaissance, 1911) an den Hamburger Heimatstil. Die Hauptkirche **St. Jacobi** (ab 1340, südliches Seitenschiff um 1500) fiel dem Zweiten Weltkrieg zum Opfer, wurde aber bis 1963 rekonstruiert. Hauptattraktionen sind der Lukas-Altar (um 1500) und die 1993 restaurierte Arp-Schnitger-Orgel (1689 – 1693).

KONTORHAUSVIERTEL Südlich der Jacobikirche liegt rund um den **Burchardplatz** das Kontorhausviertel. Es entstand in den 1920er- und 1930er-Jahren nach Abriss des Gängeviertels. Dichteste Bebauung mit engsten Gassen, durch die kein Fuhrwerk passte, war für dieses Elendsquartier bezeichnend. Zuletzt hatte 1892 die Cholera hier Tausende von Todesopfern gefordert. Das unübersichtliche, hafennahe Viertel zwischen Spitalerstraße und Meßberg war Hochburg der organisierten (Hafen-)Arbeiterschaft und somit den herrschenden Großbürgern ungelegen – vor allem von den Nazis wurde ein Abriss betrieben. Auf dem Gelände entstand das erste geplante Büroviertel der Hansestadt, ein Triumph verschiedenfarbigen Backsteins, der sich hier für ausdrucksstarke Fassaden bewährte. Berühmt wurde das an einen Schiffsrumpf erinnernde **Chilehaus** (1922 – 1924) von Fritz Höger. Das größte Kontorhaus ist der benachbarte **Sprinkenhof** (1927 – 1943, von Höger und Gerson), südlicher Abschluss der **Meßberghof** (1923 – 1925). Als interessanter Kontrast steht am **Klingberg** (Nr. 1) die 1907 im Stil barocker Hamburger Bürgerhäuser erbaute Polizeiwache.

NEUSTADT Die Stadterweiterung im 17. Jahrhundert machte das westlich der alten Befestigungsanlagen (Verlauf Neuer Wall bzw. Admiralitätstraße) gelegene Siedlungsgebiet zum Teil der inneren Stadt. Die 30 m hohe Anhöhe um die Kirche St. Michaelis sollte integriert werden, um eine Beschießung Hamburgs von dort auszuschließen. Zu Beginn des 19. Jahrhunderts waren die Befestigungen militärtechnisch überholt und wurden teilweise in Grünanlagen umgewandelt (Alter Botanischer Garten, Wallanlagen, Elbpark). Die Neustadt war immer Heimat ärmerer Leute. Auch hier entstanden berüchtigte, im 19. und 20. Jahrhundert sanierte Gängeviertel. Im Gegensatz zur Altstadt blieb die Neustadt bis heute auch Wohngebiet.

SEHENSWERT Mittelpunkt der Neustadt ist der **Großneumarkt**. Ursprünglich diente die von Johan van Valckenburgh angelegte Freifläche als Alarm- und Aufmarschplatz. Der tempelartige Brunnen in seiner Mitte wurde 1704 errichtet. Heute wird hier mittwochs und samstags ein Wochenmarkt abgehalten. Der Platz ist durch die Restaurants und Kneipen vor allem abends beliebter Treffpunkt. Auch der **Cotton Club**, ein legendäres Jazzlokal, liegt in der Nähe (Alter Steinweg 10). In

MARINEHOF ADMIRALITÄTSSTRASSE

der **Peterstraße** wurden um das renovierte **Beylingstift** (1751) Nachbauten großbürgerlicher Stadthäuser aus anderen Stadtteilen zu einem Gesamtbild zusammengefügt (1966 – 1982). Historisch hat so ein Ensemble nie existiert. Das Haus Nr. 39 beherbergt eine **Gedenkstätte** für den in Hamburg geborenen Komponisten **Johannes Brahms** (1833 – 1897), Nr. 36 die **Niederdeutsche Bibliothek**. An das Gängeviertel erinnert Restbebauung aus dem 18. und 19. Jahrhundert im **Bäckerbreitergang**.

FLEETINSEL Der **Fleethof** am Übergang von Neustadt zur Altstadt war städtebaulich umstritten. Die alte Bebauung (ab dem 18. Jahrhundert) der Fleetinsel zwischen Stadthausbrücke und Baumwall am Hafen mit Speichern und Kontorhäusern wurde im Zweiten Weltkrieg zerstört. 1990 begann die Neubebauung. Mittlerweile hat sich der Platz vor dem Steigenberger Hotel dank umliegender Restaurants zu einem neuen City-Treffpunkt entwickelt. Blickfang ist das **Slomanhaus** (1909 und 1922) am Baumwall, an dessen Entwurf Fritz Höger mitwirkte. Stilistische Anleihen bei Schiffbau und Hafenarchitektur zeigt das **Verlagsgebäude von Gruner + Jahr.**

ST. MICHAELIS-KIRCHE

1911 wurde die Hamburger Hochbahn AG gegründet, u. a. um die neuen Wohnviertel in Eimsbüttel, Barmbek oder Rothenburgsort mit dem Hafenbereich und dem Kontorhausviertel zu verbinden. Am **Baumwall** und **Vorsetzen** ist ein bemerkenswerter Teil des stählernen Viadukts aus den Anfangszeiten zu sehen.

ST. MICHAELIS-KIRCHE Der Michel ist eines der Wahrzeichen Hamburgs. Der erste Kirchenbau aus dem 17. Jahrhundert fiel 1750 einem Blitzeinschlag zum Opfer. Bis 1762 wurde nach Plänen von Ernst Georg Sonnin und Johann Leonhard Prey ein gewaltiger Saalbau in Form eines griechischen Kreuzes errichtet. 1906 erneut abgebrannt, konnte er dank Spenden aus der Bevölkerung nach den Originalplänen wieder aufgebaut werden. Das Gewölbe über dem hellen barocken Innenraum ruht auf vier Pfeilern und ermöglicht so von allen 2500 Sitzplätzen aus einen freien Blick auf die marmorne Kanzel. Sehenswert sind außerdem der 20 m hohe Marmoraltar, der barocke Opferstock von 1763 sowie die Steinmeyer-Orgel, mit 6665 Pfeifen die größte in Hamburg. Spektakulär ist der Blick von der 82 m hoch gelegenen Aussichtsplattform. Auf dem zweiten Turmboden wird tagsüber eine Multivisionsschau zur Hamburger Geschichte geboten (www.st-michaelis.de).

Die **Krameramtswohnungen** wurden Mitte des 17. Jahrhunderts zu Füßen des Michel als Unterkunft für arbeitsunfähige Kramer, also kleine Kaufleute und Detailhändler, und deren Witwen gebaut. Eine der Wohnungen kann im Originalzustand des 19. Jahrhunderts besichtigt werden. Kaum anderswo bekommt man einen besseren Eindruck vom alten Hamburg als in dieser versteckt liegenden Gasse (Museum, Krayenkamp 10, www. hamburgmuseum).

RATHAUS Das Stadtzentrum mit Rathaus und Rathausmarkt wurde im Großen Brand von 1842, durch den 20 % der Bevölkerung obdachlos wurden, fast völlig zerstört. Maßgeblicher Gestalter des Wiederaufbaus zwischen Deichstraße und der Straße Brandsende wurde der Hamburger Architekt Alexis de Chateauneuf (1799–1853) aus einer französischen Emigrantenfamilie.

Rund 40 Jahre dauerte es, bis man sich auf ein Konzept einigen konnte: Erst 1897 wurde der sechste Rathausbau Hamburgs, von Martin Haller und weiteren sechs Hamburger Architekten entworfen, eingeweiht. Er ruht auf über 4000 in den einst sumpfigen Untergrund getriebenen Eichenpfählen. Die reich verzierte **Fassade** wird, ganz unhanseatisch, von 20 Kaiserstatuen geschmückt und von einem 122 m hohen Turm in der Mitte geteilt. Im prunkvollen Inneren befinden sich 647 Räume – sechs mehr als im Buckingham-Palast. Einer davon ist der **Saal der Hamburger Bürgerschaft**: Das Feierabendparlament des Stadtstaates aus 121 Abgeordneten tritt alle 14 Tage mittwochs bzw. mittwochs und donnerstags jeweils ab 15 Uhr zusammen. Die Sitzungen sind öffentlich. Der von Gottfried Semper und Chateauneuf gestaltete **Rathausmarkt**, »Kern des Kunstwerks Hamburg« (Fritz Schumacher), erinnert an italienische Renaissanceplätze – wenn er nicht gerade durch Veranstaltungen wie das Alstervergnügen oder den Weihnachtsmarkt zum Rummelplatz wird. Am südlichen Ende steht seit 1982 das Heinrich-Heine-Denkmal von W. Otto. An der Rückseite des Rathauses am Adolphsplatz steht die **Börse** (1839–1841), eines der wenigen Gebäude, das 1842 nicht abgebrannt ist oder zur Schaffung von Brandschneisen gesprengt wurde. Ein Parketthandel findet im Computerzeitalter hier nicht mehr statt.

AUSSENALSTER

UMGEBUNG VOM RATHAUS Am Bleichenfleet ragt der Eckturm der **Alten Post** empor. Das nach Plänen von Chateauneuf errichtete Gebäude (1845–1847) vereint toskanische Renaissance mit nordischer Spätgotik. Entkernt birgt der Bau heute Büros und eine Ladenpassage hinter seiner Fassade. Auf dem Weg vom Rathaus Richtung Jungfernstieg ziehen sich die **Alsterarkaden** am Alsterfleet entlang. Sie wurden von Chateauneuf nach venezianischem Vorbild entworfen (1844–1846) und beherbergen heute edle Geschäfte und Cafés.

HAFEN

HAFENANLAGEN Rund ein Zehntel des Stadtgebiets gehört zum Hafen. Er umfasst 74 km², 41 km Kaimauern, 200 Brücken und Kräne sowie mehr als 320 Schiffsliegeplätze, davon ca. 30 für Container und Massenguttransporter. Etwa 13 000 Schiffe laufen jedes Jahr den Hafen an. 2008 wurden rund 10 Millionen Container umgeschlagen. Damit liegt Hamburg in Europa hinter Rotterdam auf dem zweiten Platz, weltweit auf dem elften. Außerdem erzielte Hamburg 2008 mit rund 140 Millionen Tonnen einen Rekordumschlag. Immer noch leben rund 140 000 Menschen vom Hafen. Jüngster Betrieb der Hamburger Hafen- und Lagerhaus-AG (HHLA) ist der Containerterminal am Ballinkai. Die Traditionswerft Blohm + Voss bietet als einer der ältesten Hafenbetriebe zahlreiche Arbeitplätze.

Ein erster Umschlagplatz lag im Bereich des **Nikolaifleets** an der 1188 gegründeten (gräflichen) Neustadt. Kaiser Friedrich I. Barbarossa soll dieser freien Handel und Zollfreiheit auf der Unterelbe zugesichert haben. Erst mit zunehmendem Handel verlagerte sich das Hafengeschehen im 16. Jahrhundert südwärts ins Mündungsgebiet der Alster in die Elbe, heute **Binnen- und Niederhafen** genannt, und im 17. Jahrhundert dann in die Elbe. Kaianlagen waren weitgehend unüblich, die Schiffe lagen auf Reede und wurden in Schuten entladen, die das Handelsgut zu den Speichern an den Fleeten brachten. Am **Vorsetzen** – der Straßenname erinnert daran – war das Elbufer durch Spundwände, an denen Schiffe festmachen konnten, gegen Unterspülungen gesichert. Wachsender Umschlag und große Dampfschiffe erforderten im 19. Jahrhundert veränderte Hafenanlagen. Als erstes modernes Hafenbecken mit Kais, Kränen, Schuppen und Eisenbahnanschluss entstand bis 1866 der **Sandtorhafen** als (dem Fluss und damit dem Meer gegenüber) offener Tidehafen (im Gegensatz zu einem durch Schleusen abgeschlossenen Dockhafen wie in London). Mit dem Entstehen der Containerumschlaganlagen in den 1960er-Jahren stieg der Bedarf an großen Lagerflächen außerhalb der Schuppen. Damit verlagerte sich der Hafen weiter nach Westen. Im neu gewonnenen Gebiet um Sandtor-, Grasbrook- und Magdeburger Hafen entsteht die **HafenCity**.

ALTONAER FISCHEREIHAFEN Bis zu seiner Eingemeindung nach Hamburg war Altona größter Anlandeplatz der deutschen Fischfangflotte. Allegorisch verarbeitet der **Stuhlmannbrunnen** (1900) vor dem Altonaer Rathaus die jahrhundertelangen Auseinandersetzungen der Nachbarn um die Fischereivorherrschaft. Der ehemalige **Fischereihafen** an der Großen Elbstraße bietet heute keine Fischerromantik mehr. Hier wird im dänischen Esbjerg angelandeter, tiefgekühlter Fisch verladen, verkauft und verarbeitet. Auch der Terminal für Fährschiffe hat ausgedient, die Englandfähren laufen Hamburg nicht mehr an. Dafür hat sich ein Szene-Lokal nach dem anderen angesiedelt.

NEUER ELBTUNNEL Er ist schon längst nicht mehr neu, der westlich gelegene, 3,3 km lange **Tunnel**, der 27 m unter dem mittleren Wasserspiegel der Elbe liegt. Drei Röhren mit je zwei Fahrspuren sind als Teil der Autobahn A 7 seit 1974 in Betrieb, seinerzeit als Segmente ins Flussbett versenkt und eingeschwemmt. Die vierte Röhre, unter der Elbe hindurch gebohrt, wurde Ende 2002 eröffnet. Der dafür angefertigte Bohrkopf ›Trude‹ steht heute im **Museum der Arbeit**.

KÖHLBRANDBRÜCKE Von Süden über die Autobahn kommend, sieht man sie gut, die grazile **Schrägseilbrücke** (Architekt Egon Jux) über den Köhlbrand, den 300 m breiten Verbindungsarm zwischen Süder- und Norderelbe. 520 m lang und 53 m hoch ist die vierspurige Brücke mit 88 Stahlseilen elastisch an zwei 135 m hohen Pylonen aufgehängt. Sie verbindet seit 1974 den Hafen mit dem Containerzentrum Waltershof. Für Fußgänger und Radfahrer ist die Brücke tabu (Zufahrt von der A 7, Ausfahrt Waltershof).

SPEICHERSTADT Einst war Hamburger Stadtgebiet gegenüber dem Umland Zollausland. Das hatte den Vorteil, dass aus aller Welt angelandete Waren zollfrei gelagert, weiterverarbeitet und wieder ausgeführt werden konnten. Als die Stadt 1888 in das Gebiet des Deutschen Zollvereins eingegliedert wurde, bekam sie als weiterhin zollfreien Raum den Freihafen mit der Speicherstadt. Dafür wurde bereits ab 1885 auf der **Kehrwiederinsel** und später auch auf der weiter östlichen **Wandrahminsel** ein barockes Viertel mit Kaufmanns- und Arbeiterhöfen aufgegeben und mehr als 20 000 Menschen umgesiedelt. Die Speicher und Bürohäuser erbaute man von 1885 bis 1927 auf in den weichen Grund gerammten Holzpfählen. Den tragenden und vorgefertigten Eisenskeletten wurde ein hanseatischer Backsteinmix aus neugotischen und Renaissance-Elementen vorgeblendet und die Gebäude mit seinerzeit hoch modernen Details wie hydraulischen Winden oder elektrischem Licht ausgestattet. Das alte Hamburger Prinzip, jedes Lager- bzw. Speicherhaus auf dem Wasser erreichen zu können, blieb unangetastet. Mit über 300 000 m² Lagerfläche entstand das weltgrößte Lagerhausareal. Seit 1991 steht es unter Denkmalschutz. Noch immer beherbergt die Speicherstadt das größte Teppichlager der Welt, werden Tee, Kaffee, Kakao und Gewürze umgeschlagen. Der Containerverkehr machte die Lagerhallen größtenteils überflüssig, und Firmen und Museen siedelten sich hier an.

SEHENSWERT Besonders malerisch wirkt die Speicherstadt bei nächtlicher Beleuchtung. Von den kunstvollen Brücken überstand als einzige die **Kornhausbrücke** den Zweiten Weltkrieg. Seit 1903 wird sie von Christoph Kolumbus und Vasco da Gama bewacht. Die Entdecker sollen den Handel mit Übersee verkörpern, der nirgendwo so greifbar war wie hier. Reich verziert ist auch das nahe gelegene **Hafenrathaus** (Bei St. Annen 1), 1903 als repräsentativer Sitz der Hamburger Hafen- und Lagerhaus AG (HHLA) eingeweiht. Zu den modernen Attraktionen der Speicherstadt zählt der **Hamburg Dungeon**. Die Reise in Hamburgs Vergangenheit ist nichts für Zartbesaitete, bei der interaktiven Show mit Schauspielern werden u. a. plastisch der Große Brand und die Sturmflut gezeigt (Kehrwieder 2, www.hamburgdungeon.com). Daneben liegt das **Miniatur Wunderland Hamburg**. Die nach eigener Aussage größte digital gesteuerte Modelleisenbahn der Welt (Spurweite H0) zeigt Hamburg und deutsche Landschaften, Österreich, die Schweiz, Nordamerika und Skandinavien im Maßstab 1:87. Bis 2015 sollen insgesamt 10 000 m² Modellfläche bebaut sein mit Frankreich, Italien und – wie schon heute – bewegtem Straßenverkehr und kleinen und großen Attraktionen (Kehrwieder 2, Block D, www.miniatur-wunderland.de).

MUSEEN Dass in der Speicherstadt ein Museum Alltag, Tradition und Kunst der Afghanen zeigt, ist kein Zufall. Schließlich ist hier das Hamburger Zentrum des afghanischen (und iranischen) Teppichhandels (**Afghanisches Museum**, Sandtorkai 32, www.afghanisches-museum.de). Im selben Speicher findet man das exotisch riechende **Spicy's Gewürzmuseum**. Es erzählt die Geschichte der Gewürze vom Anbau bis zum Verkauf (Am Sandtorkai 32, www.spicys.de). Anschaulich zeigt das privat betriebene **Speicherstadtmuseum** die Geschichte der Speicherstadt und die Arbeit in den Speichern. Außerdem gibt es Wissenswertes rund um den Tee- und Kaffeehandel sowie ein Café inmitten von Kisten und Säcken (St. Annenufer 2, www.speicherstadtmuseum.de). Das Museum lädt Samstag zum Rundgang durch die Speicherstadt und seine Ausstellung ein. Das Ensemble wird so als Baudenkmal und als Arbeitsort lebendig.

Im **Alten Zollamt Kornhausbrücke**, wo ab 1900 die Zöllner ihren Dienst taten, werden die Geschichte des Zolls vom Altertum bis heute erzählt und ausgefallene Schmuggelverstecke gezeigt. Das Zollboot Oldenburg auf dem Zollkanal ist ebenfalls zu besichtigen (Deutsches Zollmuseum, Alter Wandrahm 15).

HAFENCITY Städtebau live – auf einer Fläche von 155 ha (davon 55 ha Wasser) entsteht südöstlich der Speicherstadt ein neuer Stadtteil. Um das Renommierprojekt zu realisieren, wurde das Gelände der Speicherstadt und HafenCity Ende 2002 aus dem Freihafengebiet ausgegliedert. In der Nachbarschaft der **Elbphilharmonie**, ein riesiger alter Speicher wird dazu umgebaut, ist das **Meßmer Momentum** zu finden, mit TeeMuseum, TeeLounge und TeeShop eine interessante Ergänzung zur vielgenannten Hamburger Kaffeetradition (Am Kaiserkai 10, www.messmer-momentum.de).

ELBTUNNEL

Im Baakenhafen weiter östlich ist die **U 434**, eines der größten nicht nuklearen U-Boote der Welt, zu besichtigen (92 m lang, 9 m breit, 14,6 m hoch, 18 000 PS). Das Schiff zeigt die Lebensverhältnisse der Besatzung und bietet einen Blick hinter die Fronten des Kalten Kriegs (www.u-434.de).

Im umgebauten Kaispeicher B der HafenCity zeigt das **Internationale Maritime Museum** Hamburg auf 10 Decks die größte private Sammlung maritimer Ausstellungsstücke weltweit – von der ›Entdeckung der Welt‹ bis zur ›Expedition Meer‹.

ST. PAULI

Die ehemalige Vorstadt zwischen Neustadt und Altona wurde lange als Hamburger Berg (heute eine Nebenstraße der Reeperbahn) bezeichnet. Hier siedelte sich alles an, was innerhalb der Stadt wegen Brandgefahr, Geruchsbelästigung oder Unmoral nicht geduldet wurde (Tranbrennereien, Glashütten, Pesthof u. a.). Erst 1833 benannte man das dicht besiedelte Viertel am Hafen nach seiner Kirche. Der Amüsierbetrieb begann im 18. Jahrhundert mit Jahrmarktbuden auf dem Spielbudenplatz. Zunächst für die Seeleute des nahen Hafens siedelten sich Theater, Kinos, Tanzbars, Varieté an, später kamen Discos, Großbordelle, Sex-Shops und -Shows sowie Spielhallen dazu. Seit Ende der 1980er-Jahre ist St. Pauli durch mehr Musik und Kulturangebote erneut ein beliebtes Ausgehviertel für alle geworden.

SEHENSWERT Auf der **Reeperbahn** wurden vom 17. bis 19. Jahrhundert Schiffstaue (Reep) hergestellt. Danach entwickelte sich die Straße zur Amüsiermeile mit immer neuen Attraktionen. Eine Institution ist das 1953 eröffnete **Café Keese**, genauso wie die **Kneipe Lehmitz** (Nr. 22) oder **Die Ritze** (Nr. 140), wo oben an der Bar alte Pornos laufen und im Keller geboxt wird. Die Travestiebühne **Pulverfass** (Nr. 147) zog von St. Georg auf die Reeperbahn, ein Hinweis für den St.-Pauli-Boom.

Rechtzeitig zur Fußballweltmeisterschaft 2006 wurde der früher desolate **Spielbudenplatz** an der Südostecke der Reeperbahn mit zwei Bühnen zur Event-Location umgestaltet, auf der gelegentlich Konzerte stattfinden. Hier sind **Operettenhaus** (Nr. 1) und **Panoptikum** (Nr. 3, www.panoptikum.de) zu finden, Deutschlands ältestes und größtes Wachsfigurenkabinett. Weiter westlich Schmidt Theater und Schmidts Tivoli und seit 1841 das St. Pauli Theater (Nr. 24, 27 bzw. 29) sowie die berühmte **Davidwache** (1914; Ecke Davidstraße).

Zur **Herbertstraße**, Hamburgs durch einen Sichtschutz gesperrte Bordellstraße, haben Jugendliche keinen Zutritt, und auch Neugierige werden nicht gern gesehen. Die Gasse wurde um 1900 zur geschlossenen Wohnanlage umgebaut, um die Prostitution besser kontrollieren zu können. Der Inbegriff schillernden Nachtlebens begann ganz seriös: 1611 ließ Graf von Schauenburg hier einen Bezirk mit Religionsfreiheit einrichten, um Handwerker anzusiedeln. Von den vielen nicht lutherischen Kirchen ist nur die barocke **St.-Josephs-Kirche** (1723) in der **Großen Freiheit** erhalten. Bekannt wurde die Nebenstraße der Reeperbahn durch den Fritz-Käutner-Film »Große Freiheit Nr. 7« von 1944, in dem Hans Albers sein »Auf der Reeperbahn nachts um halb eins« sang, und in den 1960ern durch die **Beatles** und den (längst geschlossenen) **Star-Club**. An der Stelle des einst berühmt berüchtigten Salambo steht heute das **Dollhouse** (Nr. 11) mit Striptease ohne Anmache. Altbewährt sind die Sex-Shows im **Safari** (Nr. 22).

Der **Hein-Köllisch-Platz** ist eine lebendige St.-Pauli-Piazza mit dem **Café Geyer** und der Kneipe **Abendmahl**.

FISCHMARKT Um Fisch zu kaufen, kommen sonntags früh nur wenige. Es ist die Mischung aus Volksfest und Flohmarkt, das Gewimmel von Verkäufern, Ausrufern, Nachtschwärmern, Touristen und Schnäppchenjägern, das die Menschen lockt (östliches Ende der Großen Elbstraße).

MUSEUMSSCHIFF

Die elegante Glas-Eisen-Konstruktion der **Fischauktionshalle** (1896) wurde 1984 renoviert und als Veranstaltungszentrum neu eröffnet (während des Fischmarkts Brunch zu Jazz- oder Countrymusik). In der Nachbarschaft verkörpern u. a. das Design-Einkaufszentrum Stilwerk in einer alten Mälzerei und die Greenpeacezentrale im ehemaligen Elbspeicher die neue Hamburger Architektur.

LANDUNGSBRÜCKEN Hamburgs **Wasserbahnhof** besteht aus 700 m langen Schwimmpontons, durch Brücken mit dem Festland verbunden. Hier legen die Rundfahrtschiffe und Hafenfähren ab. Die heutige Anlage entstand 1906 bis 1910 anstelle älterer Anleger für den Unterelbe- und Seebäderverkehr.

Zwei **Museumsschiffe** haben hier ihren letzten Liegeplatz: Die Rickmer Rickmers, 1896 als einer der letzten Großsegler gebaut, fuhr nach Ostindien und Chile. Das grüne, 97 m lange Stahlschiff hatte eine Segelfläche von bis zu 3500 m² (Brücke 1). Etwas östlich die weiße Cap San Diego. Der erst 1961 vom Stapel gelassene Stückgutfrachter fuhr für die Reederei Hamburg-Süd nach Südamerika (Überseebrücke).

Ein Erlebnis: zu Fuß, per Rad oder mit dem Wagen hinüber in den Hafen. Die Autos fahren mit einem Fahrstuhl hinab zum 426,5 m langen **Alten Elbtunnel.** Seit 1911 verbinden die gekachelten Röhren St. Pauli mit Steinwerder – einst erste Flussunterquerung des Kontinents. Am anderen Ende ein beeindruckender Blick auf die Stadt (St.-Pauli-Landungsbrücken).

Im **CitySporthafen**, einem Gastliegerhafen mitten in der Stadt, liegt zwischen modernen Jachten das in Nietenbauweise erbaute ehemalige **Feuerschiff LV 13** (1952). Bis 1989 verrichtete es seinen Dienst in der englischen Humber-Mündung. Drinnen und draußen Restauration in uriger Atmosphäre (Baumwall, www.das-feuerschiff.de).

UMGEBUNG VON ST. PAULI Die Grundstücke an der **St.-Pauli-Hafen-** und der **Bernhard-Nocht-Straße** waren begehrt. Spekulanten hatten die Gründerzeithäuser in den 1970er-Jahren leer stehen lassen, um später neu bauen zu können. Ab 1981 wurden sie zum Quartier von Deutschlands bekanntesten Hausbesetzern, waren jahrzehntelang hart umkämpft und umstritten. 1995 gingen sie in den Besitz einer aus den Bewohnern bestehenden Genossenschaft über. Seitdem fallen sie eher durch bunte Fassadenmalereien auf.

Am südlichen Ende des Holstenwalls ist die Stadtgeschichte von den Anfängen Hamburgs um 800 bis zur Gegenwart im imposanten Schumacherbau des **hamburgmuseums** (Museum für Hamburgische Geschichte) vereint: u. a. die Hammaburg, der Kampf gegen die Piraten (u. a. Störtebeker), eine Kaufmannsdiele aus dem 17. Jahrhundert, eine Segelmacherei und der Wiederaufbau nach 1945.

STADTTEILE

ALTONA Altona entstand ab 1535 als Fischer- und Handwerkersiedlung »all to nah« an Hamburg. Das zu Holstein gehörende Dorf wurde zur Zuflucht für Glaubensflüchtlinge, u. a. für Reformierte und Juden. Im Viertel Freiheit galten Glaubens- und Gewerbefreiheit – die Straßen **Große** und **Kleine Freiheit** auf St. Pauli erinnern daran. Der 1611 angelegte Jüdische Friedhof gilt als einer der bedeutendsten der Welt (Königstraße). 1640–1864 erlebte Altona als zweitgrößte Stadt der dänischen Krone eine Blüte, der Hafen war zeitweilig bedeutender als der Hamburgs. 1867 kam es zu Preußen, 1937 zu Hamburg. Im Zweiten Weltkrieg wurden seine Industrieanlagen und Arbeiterwohngebiete stark zerstört.

Der Aufschwung des Dorfes **Ottensen**, 1310 erwähnt, begann, als es 1867 zu Preußen und, anders als Altona und Hamburg, zum Deutschen Zollverein kam. Industrie siedelte sich an. Das Zentrum der Arbeiterbewegung wurde 1889 nach Altona eingemeindet. Nachdem ab den 1960er-Jahren viele Fabriken geschlossen wurden, wandelte sich Ottensen in ein Szeneviertel mit lebendiger Stadtteilkultur.

SEHENSWERT Auf dem alten Friedhof der **Christianskirche** von 1738 liegt das Grab von F. G. Klopstock (1724–1803), durch seinen »Messias« seinerzeit äußerst populär. Dem prächtigen Neorenaissancebau des **Altonaer Rathauses** (1898) sieht man nicht an, dass es aus dem ehemaligen Bahnhof der Kiel-Altonaer Eisenbahn entstanden ist. Nördlich schließt sich der Platz der Republik mit dem monumentalen **Stuhlmannbrunnen** (1900) an. An der Westseite des parkähnlichen Platzes sind Altonaer Museum und **Altonaer Theater** zu finden. Südlich des Rathauses liegt der **Altonaer Balkon**, ein Park mit großartigem Blick über den Hafen. Hier geht ein Wanderweg oberhalb der Elbe nach Neumühlen, das durch moderne Glaspaläste ein völlig neues Gesicht bekommen hat, und zum malerischen **Övelgönne**. Die ehemalige Fischer- und Lotsensiedlung ist Hamburgs einziges Stadtviertel ohne Autostraße, dafür gibt es steile Treppen wie die ›Himmelsleiter‹.

Exponate zur Kunst- und Kultur Norddeutschlands sowie zum Leben in Fischerei und Schifffahrt präsentiert das **Altonaer Museum** als Norddeutsches Landesmuseum (Museumstraße 23, www.altonaermuseum.de).

AUSSENALSTER Kein Stadtteil, dafür aber Hamburgs größter See (1,64 km², 2,8 km Länge, bis zu 1 km Breite und 2,5 m Tiefe), entstand die Außenalster im 13. Jahrhundert durch Aufstauung des 56 km langen Flusses Alster, der nördlich Hamburgs bei Henstedt entspringt. Von der Binnenalster (18 ha) wird er durch Kennedy- und Lombardsbrücke getrennt. An seinen Ufern wurden im Zuge der Stadterweiterung im 19. Jahrhundert Villen und Stadthäuser gebaut, u. a. die **Slomannburg** (Harvestehuder Weg 5), ein weißer Bau mit Turm und Zinnen, und das **Weiße Haus** des Amerikanischen Generalkonsulats (Alsterufer 27). Der Zugang zum Wasser ist fast überall frei, die ursprünglich privaten Gärten am westlichen Ufer wurden 1953 zur öffentlichen Parkanlage.

EPPENDORF 1140 erstmals erwähnt gehörte das Dorf im 14. Jahrhundert dem Kloster Harvestehude, nach der Reformation dem Johanniskloster, seit 1894 schließlich zur Stadt Hamburg. Noch immer befindet sich in der Nachfolge der Klöster an der Heilwigstraße ein malerisches Damenstift. Der Süden Eppendorfs ist wegen großzügiger Altbauwohnungen beliebt, den Norden dominiert das 1885 gegründete Krankenhaus, heute Universitätsklinikum Eppendorf. Die **Pfarrkirche St. Johannis** erhielt ihre heutige Gestalt im Wesentlichen 1571 (Backsteinturm um 1200, Langhaus 1622). Auch das **Fachwerkhaus des Klostervogts** aus dem 18. Jahrhundert (Eppendorfer Marktplatz 11) und das **Willsche Haus** (ab 1670, Ludolfstraße 19) erinnern an das ländliche Eppendorf. Institution ist der **Isemarkt** in der Isestraße unter dem Viadukt der Hochbahn. Am Nordrand liegt mitten in der Stadt eher unerwartet das Naturschutzgebiet **Eppendorfer Moor** (Alsterkrugchaussee).

HARVESTEHUDE Straßennamen wie Abteistraße, Frauenthal und Nonnenstieg erinnern daran, dass das Viertel einst einem reichen Zisterzienserinnenkloster gehörte. Weil die Nonnen den lutherischen Glauben ablehnten, wurde ihr Kloster 1530 abgerissen, das Land erst im 19. Jahrhundert zur Bebauung freigegeben. Es entwickelte sich zur exquisiten Wohngegend Hamburger Kaufleute.

SEHENSWERT Im engen Viertel **Pöseldorf** zwischen Harvestehuder und Mittelweg wohnten Gärtner und Handwerker. Als 1959 die Sanierung begann, wurden die einstigen Stall- und Remisengebäude zu Boutiquen und Kneipen. Am Turmweg bei der **St. Johanniskirche** (1882) findet ein Wochenmarkt statt. Zu Harvestehude gehören auch die **Grindel-Hochhäuser** (Grindelberg / Hallerstraße). Die zwölf schmalen Hochhäuser, 1946–1956 im Auftrag der britischen Besatzer entstanden, gelten als Symbole des Wiederaufbaus und Zeugnis klassischer Architekturmoderne.

ROTHERBAUM Zur Alster hin zeigt Rotherbaum – der Name geht auf einen Schlagbaum zurück – typische Villen und Stadthäuser.

SEHENSWERT Das lebhafte **Grindelviertel** dagegen wird durch die Universität geprägt. Es war ab Ende des 19. Jahrhunderts Zentrum des jüdischen Lebens. Rund 40 % der Hamburger Juden lebten hier. Am Joseph-Carlebach-Platz

wurde die zerstörte **Synagoge** mit Granitsteinen nachgezeichnet, einmal zweitgrößte Deutschlands. Auf der Moorweide, **Platz der Jüdischen Deportation,** erinnert seit 1983 ein Gedenkstein an die Verschleppung Tausender. Erhalten blieben der **Tempel** in der Oberstraße (heute Teil des Norddeutschen Rundfunks) sowie die **Talmud-Tora-Schule** am Grindelhof, in der wieder unterrichtet wird. Das **Dammtor**, nördliches Tor im Befestigungsring, wurde 1817 abgerissen. 1866 entstand ein erster Bahnhof, 1903 der heutige Jugendstilbau des schönsten Hamburger Bahnhofs. Dahinter erstrecken sich das rund 97 000 m² große **Messegelände** sowie die Parkanlage **Planten un Blomen**. Richtung Stephansplatz stehen sich das viel kritisierte **Kriegerdenkmal** von 1936 (›Deutschland muss leben und wenn wir sterben müssen‹) und der unvollendete **Gegenentwurf von Alfred Hrdlicka** (1985) gegenüber.
Hamburgs weltweite Handelsbeziehungen legten den Grundstein für das **Museum für Völkerkunde**, das Sammlungen mit Kunst- und Kulturgütern aus allen Erdteilen zeigt. Das Museum ist in einem der neobarocken Staatsbauten (1907–1911) beheimatet.

SCHANZE UND KARO

Der Begriff **Schanzenviertel** (›Schanze‹) kam erst in den 1980er-Jahren auf, als sich die Gegend um den Bahnhof Sternschanze zur Domäne der Alternativ- und linken Politszene entwickelte. Das Bindeglied zum **Karolinenviertel** (›Karo‹) bildet der bis 1892 errichtete Schlachthof. Um die Altbauten des Viertels gab es lange Streit zwischen Edelsanierern, Bauspekulanten und Hausbesetzern. Beim Bahnhof Sternschanze beginnt der **Schanzenpark**. Hier lag ab 1682 die Sternschanze, eine sternförmige Bastion der Befestigungsanlage. Im Park gibt es mehrere Sport- und Spielplätze und ein Café.

AUSSENALSTER

Südlich der Feldstraße erstreckt sich das **Heiligengeistfeld**, auf dem dreimal im Jahr der ›Dom‹ (Jahrmarkt) stattfindet. Die fast 30 ha große freie Fläche diente im Mittelalter als Weideland des ehemaligen Heiligengeist-Hospitals.
Am **Schulterblatt** sind zahlreiche Kneipen, Restaurants und das Kulturzentrum **Rote Flora** (Schulterblatt 71) zu finden. Die ehemalige Rinderschlachthalle hat sich zum Veranstaltungszentrum **Schlachthof** gemausert, mit Clubs und Cocktailbar (Neuer Kamp 30).

ST. GEORG

Benannt nach einem um 1200 errichteten Hospital für Leprakranke standen dem Stadtteil von jeher die Außenseiter der Gesellschaft nahe. Hier vor dem Steintor befanden sich Galgen, Pestfriedhof, ›Gassenkummerplatz‹ (Müllhalde) und Schweineställe. Mit dem Bau der Befestigungen im 17. Jahrhundert wurde das Gebiet in die Stadt einbezogen. Heute hat sich nahe dem Hauptbahnhof eine Drogen- und Prostitutionsszene etabliert, aber auch ein lebendiges Kneipen- und Restaurantmilieu.
SEHENSWERT Direkt gegenüber dem 1906 eingeweihten **Hauptbahnhof**, der die größte Bahnhofshalle Deutschlands besitzt (121 m lang, 37 m hoch, 73 m breit), befindet sich in einem repräsentativen Bau von 1899/1900 das **Deutsche Schauspielhaus**. Das **Hotel Atlantic** (An der Alster 72–79) ist am schönsten vom Wasser aus zu sehen. Der weiße Prachtbau wurde 1909 errichtet.

UHLENHORST

Der Stadtteil entwickelte sich erst nach 1844, nachdem der Alsterspiegel abgesenkt und der Boden durch Kanäle entwässert worden war. Die exklusive Villen- und Stadthausbebauung blieb im Krieg unzerstört. Ein Moorloch wurde zum Feenteich, an dem sich in einer Villa von 1868 das **Gästehaus des Senats** befindet.

WINTERHUDE

Im Jahr 1250 urkundlich erwähnt, blieb die Gegend bis in die Mitte des 19. Jahrhunderts ländlich. Dann begann die Familie Sierich, das Gebiet zwischen Sierichstraße und Alster mit Straßen, Kanälen und Brücken zu erschließen. Ihr Gehölz, das die Stadt 1902 erwarb, wurde zum **Stadtpark**. Winterhude bietet ein sehr unterschiedliches Bild: Jenseits der alsternahen groß- und gutbürgerlichen Gegend gehören auch **Jarrestadt** und City Nord dazu. Die 35 Klinkerblocks der Jarrestadt, 1927–1930 nach einer Idee von Fritz Schumacher erbaut, stehen unter Milieuschutz. Hier leben heute rund 9000 Menschen. In den 1960er- und 1970er-Jahren entstand die **City Nord**. Auf dem 1,2 km² großen Areal arbeiten rund 20 000 Menschen, nach Feierabend ist es allerdings wie ausgestorben.
Im benachbarten Stadtteil Barmbek präsentiert das **Museum der Arbeit**, 1997 auf dem Gelände der früheren Hamburger Gummi-Waaren Compagnie von 1871 gegründet, Arbeits- und Alltagswelt im Industriezeitalter (Wiesendamm 3, museum-der-arbeit.de).

ERHOLUNG UND AUSFLÜGE

AHRENSBURG Das im 13. Jahrhundert gegründete Dorf gehörte zum Kloster Reinfeld, bis es in den Besitz der Familie Rantzau kam, die es in einen Gutsbetrieb umwandelte. Heute ist Ahrensburg ein schleswigholsteinischer Vorort Hamburgs.
SEHENSWERT Das **Schloss** wurde 1596 als Wasserburg nach Glücksburger Vorbild erbaut. Aus dieser Zeit stammen auch die Kirche und die ›Gottesbuden‹ (Armenwohnungen) daneben. Heute ist es das **Museum adliger Wohnkultur** (Lübecker Straße 1, www.schloss-ahrensburg.de).

ALSTERWANDERWEG Der Wanderweg verläuft 37 km durch das gewundene Tal der Alster. Der Hamburger Wanderverein organisiert zwei schöne Routen: die nördliche (15 km) geht von Kayhude durch Quellgebiet und Moore, vorbei an der Wulksfelder Schleuse, durchs Rodenbeker Quellental nach Poppenbüttel. Die zweite (22 km) führt durch das Alstertal mit seinen Parks und Villen, am Westufer von Außen- und Binnenalster entlang bis zum Hafen (Hamburger Wanderverein, www.hamburger-wanderverein.de).
SEHENSWERT Das **Gut Wellingsbüttel** (Mitte 18. Jahrhundert) war Sitz der Adelsfamilie von Kurtzrock, denen Wellingsbüttel 1673–1806 gehörte. Im Torhaus ist das **Alstertalmuseum** untergebracht.

ALTES LAND Das Obstbaugebiet gehört zu Hamburg und Niedersachsen. Schön ist eine Deichwanderung an der Lühe oder an der Este während der Obstblüte: Auf 10 500 ha blühen dann die Bäumchen, 90 % Apfel-, 5% Süßkirschen- und 3% Birnenbäume (Internet-Blütenbarometer: www.tourismusverband-stade.de).
SEHENSWERT In **Neuenfelde** sind die Prunkpforten (17. Jahrhundert) vor den Höfen Nincoper Straße 45 und Stellmacher Straße 9 zu bewundern. In der **St.-Pankratius-Kirche** ist **Arp Schnitger** beigesetzt. Auf seiner Orgel von 1688 werden im Sommer Konzerte gegeben. Der Hauptort **Jork** hat ein schönes Rathaus (teilweise 12. Jahrhundert) und das **Museum Altes Land** in einem Altländer Fachwerkhaus (Westerjork 49). Eine Besonderheit ist die **Hogendieck-Klappbrücke** von Steinkirchen. Die prächtige **Kirche** (usprünglich 15. Jahrhundert) birgt ebenfalls eine Schnitger-Orgel. Per Hadag-Fähre erreicht man Cranz mit Ausflugslokalen. Hamburg ist bedeutendster deutscher Flugzeugbaustandort, repräsentiert vor allem durch **Airbus** mit seinem Werk in **Finkenwerder** (www.globe-tours.de).

BERGEDORF 1420 eroberten Lübeck und Hamburg Stadt und Schloss und verwalteten es gemeinsam, bis Bergedorf 1868 durch Kauf ganz zu Hamburg kam. Schön ist die Altstadt um Alte Holstenstraße und Sachsentor.
SEHENSWERT **Schloss Bergedorf**, bis 1661 im Renaissancestil errichtet, ist die einzige erhaltene Burg mittelalterlichen Ursprungs im Hamburger Raum.

UMGEBUNG VON BERGEDORF Drei S-Bahn-Stationen weiter beginnt der 70 km² große Sachsenwald, den Otto von Bismarck (1815–1898) für seine Verdienste um die Reichsgründung von Wilhelm I. erhielt. Bismarck lebte bis zu seinem Tod in **Friedrichsruh**, wo das **Bismarck-Museum** und **-Mausoleum** zu besichtigen sind. In Aumühle wurde der **Garten der Schmetterlinge** angelegt (Am Schlossteich 8).
Um 1200 begannen Bauern die Marschen zwischen den Elbarmen zu kultivieren. Es entstand die Kulturlandschaft der **Vier- und Marschlande** mit prächtigen Häusern und Kirchen. In Curslack ist im **Freilichtmuseum Rieck-Haus** die Hofanlage eines Hufners (16. bis 19. Jahrhundert) erhalten (Curslacker Deich 284). Schön auch die **Kirche** von 1599. In Neuengamme errichtete die SS 1938 ein **Konzentrationslager**, in dem 43 000 Menschen ermordet wurden, heute eine **Gedenkstätte** (www.kzgedenkstaette-neuengamme.de).

BLANKENESE Die ›weiße Landzunge‹, bereits 1302 erwähnt, entwickelte sich Ende des 19. Jahrhunderts zum Villenvorort. Der 75 m hohe Süllberg, tiefe Taleinschnitte und der Elbstrand bilden eine beeindruckende Landschaft.
SEHENSWERT Das historische **Treppenviertel** Blankeneses mit den einstigen Häuschen der Lotsen, Fischer und Seeleute liegt rund um das Fährhaus von 1826, seit 1868 Gasthaus. Im 1786 angelegten **Hirschpark** befindet sich ein Damhirschgehege und das **Witthüs**, in dem bis zu seinem Tod der Dichter Hans Henny Jahnn (1894–1959) gelebt hat.
Am Strand entlang oder durch die höher gelegenen bewaldeten Parkanlagen erreicht man das **Falkensteiner Ufer**. Oben, 100 m höher, gibt es nicht nur einen großartigen Blick über den Strom, sondern im Sven-Simon-Park auch eine Bauhausvilla (**Puppenmuseum**).

UMGEBUNG VON BLANKENESE In **Wedel**, dem Geburtsort Ernst Barlachs mit einem Roland (1558) auf dem Marktplatz, ist beim Ausflugslokal Schulauer Fährhaus die Schiffsbegrüßungsanlage **Willkommhöft** zu finden. Hier werden ein- und auslaufende Schiffe mit der Nationalhymne gegrüßt.

HAGENBECKS TIERPARK Der 1907 eröffnete **Zoo** wird immer noch von der Familie Hagenbeck geführt. In der parkähnlichen Anlage (27 ha) leben ca. 2500 Tiere aus 360 Arten.

Der Zoo ist für bedrohte Arten zur wichtigen Zuchtstätte geworden (Lokstedter Grenzstraße, www.hagenbeck-tierpark.de).

HARBURG

Der ›Brückenkopf‹ des Fährverkehrs zum Nordufer der Elbe erhielt bereits im 13. Jahrhundert Stadtrecht und im 17. Jahrhundert eine Festung. Immer im Schatten Hamburgs brachte es Harburg zu beachtlicher Industrie und einem Seehafen. Ab 1927 Großstadt, endete die Selbstständigkeit 1937 durch das Groß-Hamburg-Gesetz. Kriegswichtige Industrie hatte verheerende Bombardierungen zur Folge. Reste der Altstadt blieben um die Schlossstraße herum erhalten.

SEHENSWERT Am Museumsplatz mit dem **Neorenaissance-Rathaus**, erbaut im Jahr 1892, ist das **Helms-Museum** zu finden

NIENSTEDTEN

Ursprünglich eines der ältesten Kirchspiele Holsteins, gehört das 1297 erstmals genannte, hoch über der Elbe gelegene Dorf seit 1937 zu Hamburg.

SEHENSWERT Auf dem Friedhof der schmucken **Fachwerkkirche** (1751) liegen Hamburger Kaufleute und Reeder. Gegenüber befindet sich seit 1791 das traditionsreiche **Hotel Louis C. Jacob**. Der herrlich gelegene **Jenischpark** entstand Ende des 18. Jahrhunderts als Teil des Voghtschen Landguts und ist am schönsten per Elbfähre (Anleger Teufelsbrück) erreichbar. Nachdem das Gut 1828 an den Senator Jenisch verkauft worden war, ließ dieser ein von K. F. Schinkel inspiriertes Landhaus errichten: das **Jenischhaus**. Großbürgerliche Wohnkultur ist dort zu sehen. Im Park zeigt ein weißer Atriumbau (1962) eine der bedeutendsten Ausstellungen der Werke des Bildhauers, Grafikers und Schriftstellers Ernst Barlach (1870–1938).

Der 27 ha große **Neue Botanische Garten** gehört zur Universität. Interessant ist das System, das die Pflanzen entsprechend ihrer Abstammung darstellt (Ohnhorststraße, S-Bahn-Station Klein Flottbek).

ELBCHAUSSEE Von Altona bis Blankenese liegen entlang der 9 km langen Elbchaussee die feinen Vororte des Hamburger Westens. Die meisten Landhäuser an Deutschlands wohl reichster Straße entstanden im 18. und frühen 19. Jahrhundert inmitten englischer Landschaftsgärten. Zu den bekannten Bauten gehören das **Gartenhaus des Bankiers Salomon Heine**, des Onkels von Heinrich Heine (Nr. 31), das weiße **Säulenhaus Brandt** (Nr. 186), das ehemalige Stallgebäude **Halbmond**, 1796 für den englischen Kaufmann Thornton erbaut (Nr. 228), und das **Elbschlösschen** von 1806 des Kaufmanns Baur (Nr. 372). Das **Roosenhaus** wird heute gesäumt von den Neubauten des Internationalen Seegerichtshofes. Die viel befahrene Chaussee kann man auch per Bus (Linien 36, 39) kennenlernen. Schöner ist der Elbuferwanderweg am Fluss entlang (Övelgönne–Wittenbergen ca. 12 km).

OHLSDORFER FRIEDHOF

Mit 400 ha Fläche ist er der größte Parkfriedhof der Welt, 1877 im Stil eines englischen Landschaftsgartens eröffnet. Auf dem **Althamburgischen Gedächtnisfriedhof** liegen prominente Verstorbene (Haupteingang Fuhlsbütteler Straße/Alsterdorfer Straße, www.friedhof-hamburg. de).

PLANTEN UN BLOMEN

Der **Park** (plattdeutsch für ›Pflanzen und Blumen‹) entstand für die Gartenschau von 1935. Zusammen mit dem Alten Botanischen Garten und den Großen Wallanlagen bildet er auf 45 ha einen grünen Gürtel. Beliebt ist der große Spielplatz und die Rollschuhbahn in den Wallanlagen, im Winter erfreut sich die Eisbahn großer Beliebtheit.

SEHENSWERT Im **Parksee** werden von Mai bis September Wasserspiele und farbige Wasserlichtkonzerte gezeigt. Im **Japanischen Garten**, dem größten Europas, kann man an einer Teezeremonie teilnehmen. Das **Tropenhaus** (1963) im Bereich des Alten Botanischen Gartens (seit 1821) birgt über 2000 Pflanzenarten, davor liegen die **Mittelmeerterrassen**. Auf der anderen Seite des Wallgrabens liegt idyllisch das Café Schöne Aussichten (Gorch-Fock-Wall 4).

Das **Congress Centrum Hamburg** wurde 1973 eingeweiht und dokumentiert ebenso wie das 118 m hohe benachbarte Hotel den Baustil der 1960er- und 1970er-Jahre.

STADTPARK

STADTPARK

Auf 151 ha erstrecken sich Wald, Wiesen, Sportplätze, Ziergärten, Planschbecken, Freilichtbühne und Biergarten. Der Park wurde 1914 eröffnet und seitdem mehrfach umgestaltet. Im Stadtparksee gibt es ein ungechlortes Freibad, auf der Liebesinsel Bootsverleih.

SEHENSWERT Das **Planetarium** im ehemaligen Wasserturm (1915) zeigt die Sterne an einer 13 m hohen Kuppel. Lehrreich ist auch die astronomische Ausstellung (Hindenburgstraße 1, www.planetarium-hamburg.de).

VIEW POINT IN DER HAFEN CITY

DATEN UND FAKTEN

EINWOHNER Mit 1,754 Mio. Einw. ist Hamburg nach Berlin die zweitgrößte deutsche Stadt. Knapp 16 % der Bevölkerung sind jünger als 18 Jahre, gut 24 % dagegen 60 Jahre und älter. Zur Metropolregion Hamburg mit 4,2 Mio. Menschen zählen auch Teile Schleswig- Holsteins und Niedersachsens.

STADTGEBIET Das Stadtgebiet umfasst rund 755 km² (Metropolregion 19801 km²). Die Nord-Süd-Ausdehnung beträgt rund 40 km, ebenso die Ost-West-Ausdehnung. Ca. 2400 Brücken überspannen die zahlreichen Wasserläufe, die große Teile der Stadt durchziehen.

VERWALTUNG Hamburg ist ein Stadtstaat. Der Ministerpräsident nennt sich Erster Bürgermeister, die Regierung Senat, das Landesparlament Bürgerschaft. Das Stadtgebiet ist in sieben Bezirke unterteilt.

WIRTSCHAFT Von den gut 1 Mio. Arbeitsplätzen stellen 30 % Handel, Gastgewerbe und Verkehr, 29 % öffentliche und private Dienstleister, 16 % das produzierende Gewerbe einschl. Bauwirtschaft. Rund 260 000 Menschen sind Pendler aus dem Umland. Große Arbeitgeber sind der Hafen mit all seinen Zulieferern, seit Jahren mit steigenden Rekordumsätzen und von der Wirtschaftskrise zurzeit empfindlich getroffen, und die Luftfahrtindustrie mit der Lufthansawerft und der Airbus AG in Finkenwerder – Hamburg ist weltweit drittgrößter Standort der Flugzeugindustrie. Wichtig ist auch der Bankensektor mit fast 170 Kreditinstituten. Die Medienindustrie bildet einen weiteren Schwerpunkt. Die Informationstechnologie ist mit 7280 Betrieben ebenfalls ein Wachstumsbereich.

KLIMA Hamburger Schmuddelwetter bedeutet grauer Himmel, Nieselregen und Gegenwind. Statistisch gesehen ist mindestens jeder dritte Tag in der Hansestadt ein Regentag, aber Hamburg hat Sonnenstunden wie München.

GESCHICHTE

7. JH. Siedlungen in der Nähe des heutigen Stadtzentrums.

832 Erste urkundliche Erwähnung der ›Hammaburg‹ (ham = altsächs. für Ufergelände, Marschland) als Missionsstation des Bischofs Ansgar. Trotz Wikinger- und Slawen-Überfällen entwickelte sich Hamburg und besitzt um 1000 rund 600 Einw.

1189 Ein gefälschter Freibrief Kaiser Friedrichs I. Barbarossa gewährt den Bürgern der Neustadt Handels- und Zollfreiheit.

1280 Hamburg besitzt 5000 Einw.

1321 Beitritt zur Hanse, einem Zusammenschluss vor allem norddeutscher Handelsstädte, dem es besonders um Ausbau und Sicherung der Handelswege geht.

1401 Hamburgische Kriegsschiffe stellen vor Helgoland Klaus Störtebeker. Er und seine Piraten werden auf dem Grasbrook geköpft.

1529 Im Zuge der Reformation wird Hamburg lutherisch. Wichtigster Vorkämpfer war Johannes Bugenhagen, der spätere Beichtvater Luthers.

1558 Gründung der Börse.

UM 1600 Glaubensflüchtlinge aus ganz Europa lassen die Einwohnerzahl auf rund 40 000 steigen. Die Entdeckung Amerikas und die entstehenden neuen Handelsströme sind für Hamburg vorteilhaft.

1618 Ausrufung zur ›kaiserlich freyen Reichsstadt‹.

1712 Rat und Bürgerschaft einigen sich, neben den führenden Patrizierfamilien die Oberschicht an der Regierung zu beteiligen.

1768 Die alten Konflikte mit Dänemark werden im Gottorper Vergleich beigelegt. Der dänische König hatte als Herzog von Holstein landesherrliche Rechte über Hamburg beansprucht.

1806–1814 ›Franzosenzeit‹: 1811 wird die Stadt Hamburg dem ›Departement der Elbmündungen‹, dem von Napolein initiierten Rheinbund und damit dem französischen Kaiserreich einverleibt. Die gegen England verhängte Kontinentalsperre lässt das Wirtschaftsleben zusammenbrechen.

1815 Hamburg tritt auf dem Wiener Kongress nach der Niederlage des napoleonischen Frankreichs dem Deutschen Bund bei, als ›Freie und Hansestadt‹ (ab 1819).

1842 Der Große Brand zerstört innerhalb von vier Tagen (5. bis 8. Mai) nahezu die gesamte Altstadt.

1888 Zolleinheit mit dem Deutschen Reich (Deutscher Zollverein). Schaffung des Freihafens mit der Speicherstadt als Zollausland für den Transithandel.

1910 Hamburg wird Millionenstadt. Der Hafen ist nach London und New York drittgrößter der Welt.

1933 Nach Auflösung der Bürgerschaft durch die nationalsozialistische Reichsregierung untersteht die Stadt dem Reichsstatthalter Karl Kaufmann. In den Konzentrationslagern Neuengamme und Fuhlsbüttel sterben in den folgenden zwölf Jahren etwa 55000 Menschen.

1940–1945 Schwerste alliierte Luftangriffe zerstören die Hälfte der Stadt und 80 % der Hafenanlagen; rund 40000 Tote.

1952 Am 1. Juli tritt eine neue, bis heute gültige Verfassung in Kraft.

1996 Hamburg wird Sitz des Internationalen Seegerichtshofs.

2001 Die SPD wird nach 44 Jahren als Regierungspartei abgelöst. Seit 2008 hat eine schwarz-grüne Koalition die Mehrheit in der Bürgerschaft.

2002 Inbetriebnahme des modernsten Containerterminals der Welt in Altenwerder.

2010 Fertigstellung des Quartiers Kaiserkai in der HafenCity.

REGISTER

Fette Ziffern verweisen auf Abbildungen

BALLINSTADT, eine ehemalige Auswandererstadt, wurde vom Generaldirektor der Reederei HAPAG Albert Ballin in den Jahren 1898 und 1901 errichtet. Hier warteten ganze Familien auf ihre Ausreise nach Amerika. Über ihre Situation wird im heutigen Museum berichtet.

IMPRESSUM

KONZEPT, GESTALTUNG, BILDREDAKTION
Grubbe Media GmbH/agenten.und.freunde, München

ART DIRECTION
Iris Streck, München

TEXTE
Axel Pinck, Cornelia Franz, Hilke Maunder

PREPRESS
PPP, Pre Print Partner GmbH & Co KG, Köln

EXKLUSIVFOTOGRAFIE
Mike Schröder/DuMont Bildarchiv

WEITERES BILDMATERIAL
avenue images/Bilderberg/Wolfgang Kunz: S. 50 u. r., 51; Patrick Sun: S. 93
Code Unique Architekten: S. 58
Deichtorhallen Hamburg/ Wolfang Neeb: S. 5 u.r., 42 u.r.; Ingo Taubhorn: S. 43
F1online/AGE/Blume: S. 50 u. Mitte
Hacienda San Nicolàs GmbH: S. 121
Hamburger Kunsthalle/bpk: S. 42 u. Mitte
Huber-Images/Gräfenhain: S. 50 u. l., 140, 143 o. l., 143 u. r. w
IndoChine Restaurant & Bar GmbH: S. 5 u. l., 86 o.
iStockphoto/adrianbaras: S. 123 u. r.; mh-fotos: S. 156; oneclearvision: S. 123 o. r.; Oreniishi: S. 123 u. l.
Laif/Gunter Glücklich: S. 59; Bernd Jonkmanns: S. 45, 46, 76 u. l., 114, 126; Jörg Modrow: S. 54 u. Mitte, 76 u. Mitte; Multhaupt: S. 54 u. r.; REA: S. 143 o. r., 151; Marc-Oliver Schulz: S. 67, 124/125, 145 o.r.; Dagmar Schwelle: S. 54 o., 87; Frank Siemers: S. 41
Martin Langer: S. 4 l., 5 o., 8/9, 10/11, 16/17, 18/19, 20/21, 27, 38/39, 48/49, 60/61, 62, 64, 68/69, 70/71, 74/75, 76 u. Mitte, 77, 78/79, 82/83, 84/85, 88/89, 98, 100, 103, 104/105, 106/107, 110/111, 112, 116, 118/119, 132/133, 138/139, 159
LOOK/Engel & Gielen: S. 42 u. l.; Ingolf Pompe: S. 40 u., 95, Walter Schiesswohl: S.14/15, 86 u., 136/137; TerraVista: S. 26; H. & D. Zielske: S. 12/13
MAURITIUS IMAGES/age: S. 81; Friedrichsmeier: S. 50 o.; Monica Gumm: S. 117; Stefan Huwiler: S. 22/23; Christian Ohde: S. 32/33, 40 o., 101; photolibrary: S. 6; Brigitte Protzel: S. 96/97, 145 o.l.; Axel Schmies: S. 80 o.; Rainer Waldkirch: S. 129 u., 130
picture-alliance/Bodo Marks: S. 120
StockFood/Herbert Lehmann: S. 123 o. l.
VISUM/Achenbach & Pacini: S. 24, 36, 90, 91; Aufwind-Luftbilder: S. 30; Christian O. Bruch: S. 34, 35; Bernd Euler: S. 37, 57; Ralf Niemzig: S. 47 u., 108; Holde Schneider: S. 54 u. l.; Marc Steinmetz: S. 115, 129 o.; A. Vossberg: S. 55
Ernst Wrba: S. 44
S. 56: Elbphilharmonie Hamburg, Herzog & de Meuron Architekten, Computeranimation: © Herzog & de Meuron

TITELBILD/SCHUTZUMSCHLAG
Vorderseite: St.-Michaelis-Kirche, Gruner+Jahr Verlagsgebäude, Martin Langer
Rückseite: Containerhafen, Martin Langer

1. Auflage 2011

www.dumontreise.de

Printed in Germany

ISBN 978-3-7701-8901-4